선생님과 함께

미리 배우는

초등 한국사

장득진 · 김경수 · 장성익 · 이동규 지음

주류성 어린이

선생님과 함께

미리 배우는

초등 한국사

장득진 · 김경수 · 장성익 · 이동규 지음

조선 후기부터 현대 사회까지

주류성 어린이

목차 2권

4 조선 사회의 새로운 움직임

5 근대 국가의 수립과 민족의 독립운동

6 대한민국의 발전과 오늘의 우리

HODORI
GAMES OF THE XXIVTH OLYMPIAD SEOUL 1988

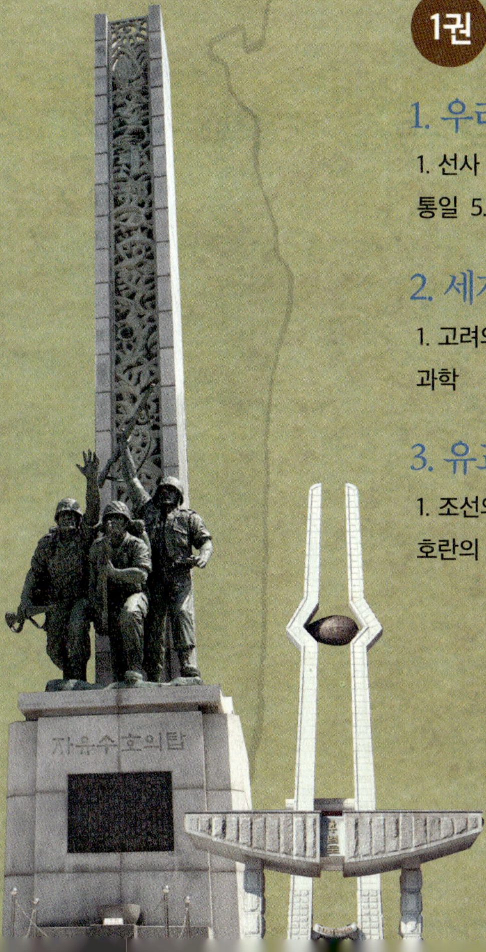
자유수호의탑

4 조선 사회의 새로운 움직임

학습내용 : 조선 후기에 전란의 어려움을 극복하고 국토를 지키려고 한 노력을 이해하고, 새롭게 소개되거나 발생한 문화와 학문이 조선 사회에 미친 영향을 탐구한다. 서민 문화의 모습과 농민 봉기 지도자의 이야기를 통해 농민의 성장이 이루어졌음을 이해한다.

1. 양 난의 극복과 영토 수호
2. 여성의 사회적 지위와 생활
3. 새로운 문물의 전래와 신도시 화성 건설
4. 조선 후기 문화의 발달
5. 조선 후기 농민의 성장과 저항

조선은 건국된 지 200여 년만에 임진왜란과 병자호란을 겪으면서 나라 전체에 큰 위기를 맞게 됩니다. 계속된 전쟁으로 많은 백성들이 죽거나 포로로 끌려갔고, 농사지을 땅도 황폐해졌으며, 궁궐과 관청들도 불에 타버렸지요. 이러한 어려움을 이겨내기 위해 우리 조상들은 여러 방법으로 노력하였어요. 외국의 새로운 문물을 받아들이려는 사람들도 있었고, 실제로 쓰일 수 있는 학문인 실학을 배우고 익혀서 조선 사회의 여러 문제들을 해결하려는 사람들도 있었지요.

한편 조선 후기에는 양반만이 최고라는 생각들이 점차 깨지기 시작하였어요. 그리고 경제적으로 가난해지는 양반들이 많아지기 시작하였죠. 또 상민들 중에도 경제적으로 여유가 생긴 사람들이 생겨나고 이들이 문화에 관심을 가지면서 판소리, 탈춤, 민화와 같이 서민들을 위한 문화가 나타났지요. 그러나 정치가 제대로 이루어지지 않아 지나친 세금이 거둬지면서, 많은 백성들이 나라에 저항하기도 하였어요.

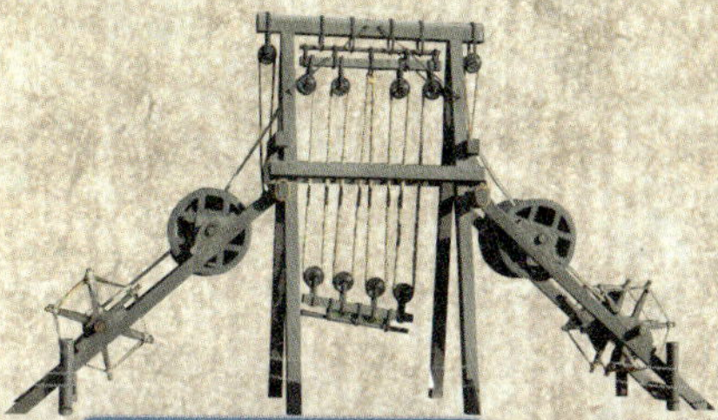

화성건설
1794년,
정조의 꿈 화성이 건설되다

진주 농민 봉기
1862년,
백성들이 전국에서 들고 일어나다

동학 창시
1860년
새로운 종교 동학이 만들어지다

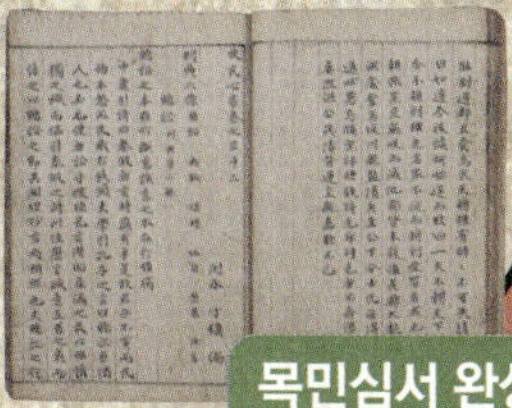

목민심서 완성
1818년
정약용, 실학을 꽃피우다

홍경래의 난
1811년
홍경래가 난을 일으키다

1 양난의 극복과 영토 수호

학습내용 : 허준, 효종, 안용복 등 인물 이야기를 통해 전란의 어려움을 극복하고 국토를 지키기 위한 노력을 이해한다.

1 동양 최고의 의학 책을 만든 허준

허준

7년 간의 기나긴 전쟁이었던 임진왜란이 가까스로 끝났지만 이번엔 굶주림과 질병 때문에 또 다시 많은 백성들이 죽어갔습니다. 오랫동안 전쟁으로 농사를 짓지 못하다보니 백성들은 굶주림에 시달렸습니다.

이렇게 온 나라가 어려운 시기에 허준은 의관으로 활약하였어요. 허준은 본래 양반 가문의 서자*로 태어났어요. 그는 어려서 좋은 스승을 만나 의술을 배운 뒤 의과*에 합격하여 궁궐의 병원인 내의원에 들어가게 됩니다. 내의원에 들어간 허준은 그 실력을 인정받아 왕을 진찰하는 어의가 되지요. 어의로서 허준은 여러 차례 임금과 왕자들의 병을 치료하면서 큰 벼슬을 얻게 됩니다.

그러던 중 1592년 임진왜란이 일어나자 밀려오는 일본군을 피해 선조는 피난을 떠나게 됩니다. 허준은 먼 길을 가는 동안 한 시도 선조의 곁을 떠나지 않고 임금의 건강을 보살폈어요. 그 덕분에 선조는 건강을 잃지 않고 나랏일을 돌볼 수 있었지요.

임진왜란 중에 고통 받는 백성들의 모습을 본 선조는 허준을 불러 새로이 의서*를 만들도록 하였습니다. 당시 의서들은 중국의 것들을 참고하거나 베낀 것들이 많았어요. 그러다보니 우리나라 사람들에게 잘 맞지 않거나 내용이 정확하지 않은 것들이 있었지요.

서자
양반인 아버지와 첫째 부인이 아닌 어머니 사이에서 태어난 아들을 말해요. 양반이 아니라 중인 신분에 속하였어요.

의과
과거시험 중에 잡과의 한 종류로 오늘날의 의사인 의관을 뽑는 시험이지요.

의서
의학과 관련된 책

허준은 전쟁이 끝난 후에도 몇 년 동안 계속된 작업으로 마침내 1610년에 총 25권의 『동의보감』을 완성했죠. 이 책은 당시 백성들이 사용하던 약재들의 효과를 자세히 담고, 병의 증상과 치료 방법을 한글로도 적어 놓아 누구나 쉽게 책을 읽을 수 있도록 하였어요. 병으로 고통받던 가난한 백성들도 보기 쉽게 하기 위함이었죠.

『동의보감』은 우리나라뿐만 아니라 중국과 일본에도 소개될 정도로 잘만들어져서 이후 뛰어난 의학서로 인정받게 되었지요. 또 지금까지도 한의학을 공부하는 사람들은 꼭 읽어야 하는 책으로 여겨지고 있어요. 현재는 그 가치를 인정받아 유네스코 세계 기록 유산으로 지정되어 있답니다.

약방(거창박물관)

더 알아보기

동의보감

동의보감은 실제로 병자를 치료하기 위한 지식을 담은 책이었어요. 80여 종의 책들을 참고하여 풍부한 지식을 정리하였으며, 조선 안에서 나는 재료로 만들 수 있는 640여 개의 약을 한글로 설명해 놓아 누구나 쉽게 이용하도록 하였지요. 동의보감에는 병의 증세와 함께 약을 어떻게 만들고 어떻게 먹여야 하는지 자세하게 기록하였고, 우리나라뿐만 아니라 중국과 일본에서도 여러 차례 간행되어 널리 이용되었어요.

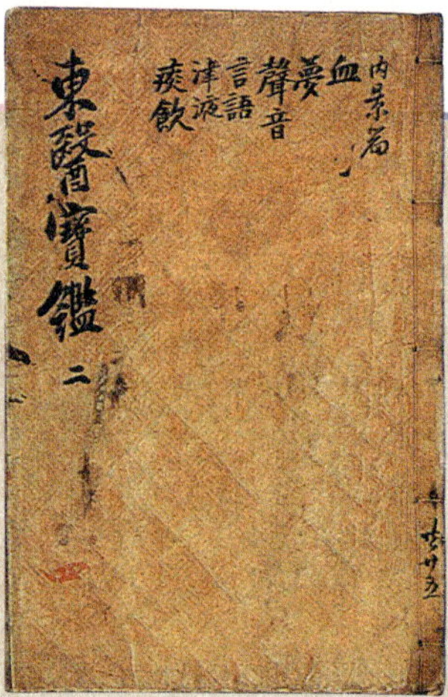

2 북벌*의 꿈을 가졌던 효종

북벌
북쪽의 적을 정벌한다는 말이에요. 북쪽의 적이란 청나라를 뜻합니다.

7년 간의 왜란이 끝난 지 불과 30여 년 밖에 지나지 않아 조선은 또다시 여진족이 세운 청의 침입을 받게 됩니다. 특히 병자호란은 한 달 남짓의 짧은 기간 동안 벌어진 전쟁이었지만 일찍이 당해보지 못한 굴욕적인 패배를 안겼어요. 병자호란이 끝나고 많은 백성들이 청에 포로로 끌려가게 되었고, 조선의 두 왕자인 소현세자와 동생 봉림대군(후일 효종)도 인질로 잡혀가게 되었지요.

오랜 인질 생활을 끝내고 돌아온 소현세자가 갑자기 죽자 동생인 봉림대군이 왕위에 오릅니다. 임금이 된 봉림대군, 즉 효종은 러시아를 공격하는데 필요한 군대를 보내달라는 청나라의 요청에 조선의 조총군을 보내어 승리를 거두기도 하였지요.

남한산성 수어장대
지휘관이 올라서서 군사를 지휘하던 곳이에요.

여기에서 자신감을 얻은 효종은 청나라에 인질로 잡혀 가서 겪은 억울한 일들을 복수하려는 계획을 세웠어요. 당시 조선의 신하들과 양반들 중에는 청에게 당한 패배를 되갚아 주어야 한다는 생각을 가진 사람들이 많이 있었지요. **효종**은 이들을 모아 **청을 공격하기 위한 북벌을 계획**합니다. 효종은 남한산성을 고치고, 대포를 개발하며, 기마병을 키우는 등 여러 노력을 합니다.

담비털로 만든 옷
효종은 신하인 송시열에게 이 옷을 주면서 추운 요동 지방을 정벌하러 가자고 당부하였죠.

그러나 북벌계획을 실행하면서 여러 문제들이 생겼죠. 농민들은 농사일로 바쁜 때에도 성을 쌓고 무기를 만드는 일에 불려 다녀야했고, 겨울과 같이 농사일이 한가할 때는 군사 훈련을 받아야 했지요. 또 북벌을 준비하는 과정에서 장군들의 힘이 나날이 커지자 관리들의 불만이 나오기도 하였어요.

그러나 무엇보다도 결정적으로 힘이 약해져야 할 청이 나날이 강성해지면서 북벌 계획은 점차 흔들리게 됩니다. 그러던 중 불행하게도 효종이 임금이 된 지 10년만에 세상을 떠나면서 북벌 계획은 끝나버리고 말았어요.

영릉(경기 여주)
북벌을 추진했던 효종의 능입니다.

③ 독도지킴이 안용복

조선은 임진왜란 이후 일본과의 관계를 끊어버렸어요. 그러나 일본은 조선의 발달된 문물을 받아들이고자 국교*를 다시 맺자고 요청해왔지요. 조선은 우선 임진왜란 때 일본으로 끌려간 백성들을 다시 돌려보내라고 하였어요. 일본에서 7천여 명의 백성들이 돌아온 후, 조선은 2개의 항구를 일본 사람들에게 열어주었습니다.

하지만 그 후 일본 어민들이 울릉도와 독도를 자주 침범하여 조선의 어민들과 싸움을 벌인 일이 일어납니다. 이때 우리 땅 **울릉도와 독도를 지키기 위해 활약한 사람**이 있으니, 그가 바로 **안용복**입니다.

안용복은 동래(지금의 부산) 출신으로 본래 어부였습니다. 안용복은 일찍이 왜관*에 출입하며 일본말을 배웠어요. 그는 울릉도에서 고기잡이를 하던 중에 그곳에 들어온 일본 어민들을 쫓아내려다 도리어 일본으로 끌려가게 되었지요. 일본의 관리를 만난 안용복은 일찍부터 울릉도와 독도가 우리 땅이었음을 주장하여, 일본 관리에게 울릉도가 조선의 땅임을 확인받는 글을 받아냅니다.

하지만 안용복은 조선으로 돌아오던 중에 대마도주*에게 글을 빼앗기고 말지요. 대마도주는 글을 위조하여 울릉도가 일본의 땅

국교
나라 간에 맺는 외교 관계를 말해요.

왜관
조선이 일본에 열어준 2개의 항구에 무역을 위해 만들어진 장소를 말해요.

대마도주
부산에서 가까운 곳에 있는 일본의 섬인 대마도의 지배자

안용복 동상(부산 좌수영지)

임을 주장하는 글로 바꾸어 씁니다. 일본에서 보낸 글을 받은 조선에서는 울릉도가 조선의 영토임을 명백히 밝히는 글을 다시 일본에 보냅니다.

이후에도 일본 어민들이 울릉도 주변에 와서 고기를 잡자 안용복은 그들을 쫓아가 잡았습니다. 그는 일본인 관리를 찾아가 조선의 영토를 함부로 침범한 일본 어민들을 벌하여 달라고 따졌지요. 일본 관리는 안용복의 말이 옳음을 인정하고 일본 어민들의 일을 사과했답니다.

이렇게 훌륭한 일을 한 안용복이지만, 조선으로 돌아와서는 나라의 허락 없이 일본에 출입한 죄를 물어 사형에 처해질 뻔합니다. 하지만 일본에 맞서 울릉도와 독도를 지킨 공을 인정받아 목숨을 건지게 된 안용복은 귀양을 떠나게 되고, 이후의 삶은 알려지지 않고 있지요.

독도의 모습

탐구 활동

일본은 왜 아직도 독도가 자기 땅이라고 우기는 건가요?

일본은 우리 땅 독도를 아직도 자기들 땅이라고 주장하고 있습니다. 일본 땅에 건너가 울릉도와 독도가 조선의 땅임을 확인받고 온 안용복이 이 말을 듣는다면 너무나 기가 막히겠죠? 일본의 주장을 잘 알아보고 여러분이 안용복이 되어 주장을 반박해 봅시다.

"역사적으로 볼 때 한국 사람들은 울릉도까지만 자기 땅으로 생각했지, 독도를 자기 땅으로 생각했다는 기록이 없스므니다."

울릉도에서 독도는 맑은 날 충분히 볼 수 있는 섬이며, 조선시대의 여러 지도들에는 독도가 표시되어 있습니다.

"안용복에 관해서는 정확하지 않은 내용이 많스므니다."

일본의 기록에도 안용복과 관련된 내용이 나와 있습니다. 2005년 쯤에 일본에서 안용복이 일본에 왜 찾아왔는지 물어보고 그 답을 기록한 문서가 발견되어 세상에 공개되었지요. 거기서 안용복은 울릉도와 독도가 조선의 땅임을 확실히 주장하고 있어요.

"일본의 시마네현이라는 지역이 1905년에 정식으로 독도를 일본 땅으로 받아들였스므니다. 또한 일본은 식민 지배 끝에 예전의 영토를 한국에 돌려줄 때 독도는 돌려주지 않겠다고 분명히 했스므니다."

일본은 1905년에 독도를 시마네현에 속한 섬으로 받아들일 때 독도에 주인이 없다는 주장을 하며 멋대로 자기 땅으로 만들었습니다. 그러더니 한국이 독도까지 포함하여 강제로 차지한 영토를 돌려달라고 하자 독도는 자기들 영토라며 억지를 부렸습니다.

"지금 한국은 불법적으로 일본 땅인 독도를 차지하고 있스므니다."

한국은 1945년 광복 이후 계속 우리 땅인 독도를 지켜나가고 있어요. 경찰 소속의 독도 경비대가 지금도 굳건히 독도를 지켜나가고 있죠

독도가 우리 땅임을 알리는 광고를 만들어 보세요

문제 풀이

1 다음 중 효종과 관련된 내용을 옳게 설명한 것은?(　　)

① 효종은 청나라가 러시아를 공격해 달라는 요청을 하자 이를 거부했다.

② 효종은 병자호란 후 형인 소현세자를 대신하여 청나라에 인질로 끌려갔다.

③ 효종은 병자호란 때 청나라에 당한 패배를 갚기 위해 청나라를 공격하려는 북벌을 계획하였다.

④ 효종은 병자호란 이후 청나라의 강성함을 알고 그들의 문화를 무조건 배워야 한다는 생각을 가졌다.

2 아래 글을 잘 읽고 빈 칸에 들어갈 말을 각각 적어보세요.

조선 숙종 때인 18세기 쯤에 조선의 어부인 [①]은 일본으로 건너가 조선의 영토를 침범해오는 일본 어부들을 다시는 오지 못하게 하라고 말하였지요. 이는 지금도 울릉도와 그 옆에 있는 섬인 [②]가 우리 땅임을 알릴 수 있는 좋은 증거가 되고 있어요.

①번 [　　　] 에 들어갈 말 : (　　　　　　　　　　　　　)

②번 [　　　] 에 들어갈 말 : (　　　　　　　　　　　　　)

정답과 해설은 116쪽에 있습니다.

2 여성의 사회적 지위와 생활

학습내용 : 신사임당, 허난설헌과 김만덕 등 인물 이야기를 중심으로 조선 시기 여성의 사회적 지위와 생활상을 파악한다.

1 궁궐 여성들을 교육한 인수대비

조선 시대의 여성들 중에서 가장 높은 사람이 바로 대비였어요. **대비**는 **왕의 어머니**를 뜻하는데, 임금님도 효를 실천하기 위해 어머니를 극진히 모셔야 했죠.

경릉(경기 고양)
서오릉에 있는 인수대비 소혜왕후의 릉이에요.

여러 명의 대비 중에서 가장 유명한 사람 중에 한 분이 바로 소혜왕후라고도 불렸던 **인수대비**입니다. 소혜왕후는 당시 힘이 센 가문 중의 하나인 한씨 집안의 출신이었어요. 세조의 맏아들과 결혼하게 된 그는 젊은 나이에 남편을 병으로 잃고 말아요. 소혜왕후는 남편이 왕위에 오르는 것을 보지 못했지만 아들인 성종이 왕이 되면서 대비 자리에 오르게 되지요.

인수대비는 궁궐의 큰 어른으로서 **『내훈』**이라는 **여성 교육서**를 만들었어요. 어려서부터 유교 교육을 받았던 인수대비는 왕실의 여성들에게도 여성과 관련된 유교

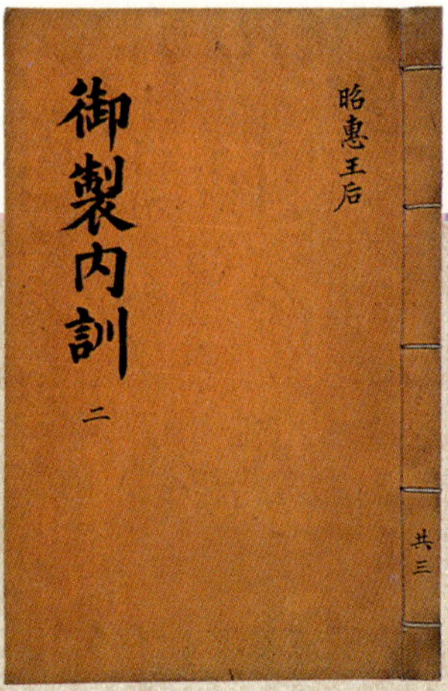

더 알아보기

내훈

인수대비는 책의 처음에 이렇게 적어놓았어요. "『소학』, 『열녀』, 『여교』, 『명감』 등 좋은 책들이 있지만 복잡하고 권수가 많아 쉽게 알아 볼 수가 없다. 이에 이 책 가운데서도 중요하다고 생각되는 내용을 뽑아 일곱 장으로 만들어 너희에게 주는 것이다." 이렇게 오로지 여성을 위해 만들어진 책은 『내훈』이 처음이었지요.

덕목*들을 가르쳐야겠다고 다짐하지요. 그래서 만들어진 책이 바로 『내훈』이란 책이었습니다.

인수대비는 이 책을 통해 다른 여러 책들에 나오는 여성들과 관련된 모범적인 이야기들을 다루었어요. 남편을 잘 섬기는 것과 형제와 친척 간의 화목을 지키는 등 여성으로서 갖춰야 할 유교 덕목을 적어 놓았지요. 이 책을 통해 우리는 조선시대 궁궐 여성들이 어떤 삶을 살아야 했는지 알 수 있지요.

덕목
충, 효와 같이 꼭 지켜야 할 것들을 말해요.

2 오만원권의 주인공 신사임당

조선시대의 대표적인 여성인 신사임당(1504~1551)은 현재 오만원권 지폐 모델로 선택될 정도로 사람들의 기억 속에 남아 있는 여성입니다. 신사임당은 대학자 율곡 이이의 어머니로 유명하지만, 사실 조선의 천재 화가이자 시인이라 불릴 수 있을 만큼 예술가로서 실력도 뛰어났어요.

호
원래 이름 대신에 편하게 부르도록 지은 이름.

신사임당의 본래 이름은 신인선이에요. 사임당은 그의 호*였지요. 1504년 강릉에서 태어난 신사임당은 딸만 다섯인 집의 둘째 딸로 태어났어요. 신사임당의 아버지는 어린 딸에게 유교 공부를 시키고, 그림 그리기와 바느질도 배울 수 있도록 해주었지요. 책을 통해 익힌 지식과 타고난 그림 솜씨로 신사임당은 뛰어난 예술가로서 이름이 차차 알려지게 돼요.

신사임당(강원 강릉)

신사임당은 19살에 집안에서 정해준 사람과 결혼하게 되었지요. 남편의 집으로 시집을 가게 된 후, 신사

오죽헌(강원 강릉) 신사임당의 아들 율곡 이이가 태어난 집입니다.

임당은 늘 강릉에 홀로 계신 어머니 걱정에 애를 태웠죠. 그래서 기회가 있을 때마다 남편의 도움으로 친정으로 와서 지내곤 했어요. 그 덕분에 그는 친정에서 작품 활동에 전념하며 많은 시와 그림들을 남겼습니다.

남성 중심의 사회인 조선에서 여성은 재능이 있어도 발휘할 기회를 얻지 못할 때가 많았어요. 하지만 신사임당은 그의 재능을 인정해준 아버지와 남편 덕분에 예술가로서의 능력을 펼칠 수 있었지요. 신사임당의 이러한 재능은 자녀들에게로 이어져서 첫째 딸인 이매창은 작은 신사임당으로 불릴 만큼 시와 그림에 뛰어났어요.

사임당은 48세의 나이에 그만 심장에 병을 얻어 목숨을 잃고 말지요. 그가 죽은 후 셋째 아들인 이이가 조선을 대표하는 학자로 손꼽히게 되면서 훌륭한 예술가로서의 삶보다는 아들을 훌륭하

초충도 (10폭 병풍에서) 신사임당이 그린 그림이에요.

게 기른 어머니로서 더 기억되곤 하였지요.

하지만 그가 남긴 그림들은 아직도 많은 사람들에게 최고의 작품들로 평가받고 있습니다.

더 알아보기

신사임당의 시

늙으신 어머님을 고향에 두고
외로이 서울길로 가는 이 마음
고개 돌려 북평* 땅을 한 번 바라보니
흰 구름만 저문 산을 날아 내리네.

북평
강릉의 다른 이름

③

천재 시인 허난설헌

여성이 능력을 발휘하기 힘들었던 조선 시대에 신사임당과 함께 또 한 명의 여류 문학가가 있었으니, 바로 허난설헌(1563~1589)입니다. 허난설헌은 신사임당과 마찬가지로 강원도 강릉에서 태어났어요. 어렸을 때 이름은 초희였다고 합니다. 아버지는 허엽으로 당시 꽤 높은 자리에 있던 관리였지요. 또한 『홍길동전』으로 유명한 허균은 허난설헌의 남동생이었답니다.

어려서부터 뛰어난 기억력을 자랑했던 허난설헌은 8세 때 부터 한시*를 지어 주변의 어른들을 놀라게 하였습니다. 딸의 재주를 귀하게 여긴 아버지에게서 글과 서예, 그림을 배운 허난설헌은 시인으로서의 재능을 계속 키워갔지요.

한시
한자로 쓰는 시로, 엄격한 형식에 맞춰 써야 했죠.

허난설헌이 태어난 곳(강원 강릉)

허난설헌은 15살에 집안의 뜻에 따라 결혼을 해야 했습니다. 그러나 그가 결혼한 집안은 여자인 허난설헌이 자유롭게 시를 쓰는 것에 찬성하지 않았어요. 타고난 재능이 있는 데도 남편과 시어머니의 방해로 글을 짓지 못했던 거지요.

그러는 사이에 친정은 비극의 연속을 겪고 있었어요. 오빠와 남동생이 모두 귀양을 가게 되고, 거기에 더해 자식들마저 어린 나이에 죽게 되는 불행을 당하였습니다. 거듭되는 불행에 힘들어하던 그는 결국 27세의 꽃다운 나이로 숨을 거두었습니다.

허난설헌의 시들은 그의 죽음으로 없어질 위기에 처했지만, 남동생인 허균이 누이의 작품들이 없어지는 것을 안타까워하여 시집으로 만들었습니다. **허난설헌이 남긴 시와 허균이 외워 두었던 시를 모아서 『난설헌집』**이 만들어진거죠.

허균을 통해 허난설헌의 시집을 보게 된 명나라 사람들은 크게 놀라워하며 이를 중국에 가져가 『허난설헌집』을 펴냈어요. 이후 그의 시는 중국에서 뿐만 아니라 일본에도 알려졌다고 해요. 허난설헌은 오로지 자신의 시를 통해 현재까지도 이름을 남긴 천재 시인이었어요.

허난설헌(강원 강릉)
안동 김씨집안에 시집온 허난설헌은 자식이 죽자 크게 슬퍼했고, 이어 젊은 나이에 죽어서, 아들 옆에 묻혔어요.

4 재산을 내놓아 백성들을 살린 김만덕

조선 시대에는 사·농·공·상이라 하여 선비 다음으로 농업을 중요하게 여겼어요. 오직 농업만이 백성들을 배불리 먹이고, 나라를 편안히 할 수 있다고 본 것이지요. 그러한 생각 때문에 상업을 하는 사람들은 무시 받곤 하였지요. 그러한 사회 분위기 속에서 **김만덕(1739~1812)**은 **여성 사업가**로서, 그리고 **전 재산을 사회에 기부한 사람**으로서 오늘날까지 기억되고 있습니다.

김만덕

김만덕은 가난한 집에서 태어나 어려서 부모님이 모두 돌아가시고 고아가 되었어요. 삼촌댁에 맡겨져 자라던 만덕은 기생*에게 맡겨져, 결국 한순간에 천인으로 신분이 바뀌고 말았지요.

제주도 관청의 기생으로 춤과 노래를 익힌 그는 한때 제주도에서 가장 유명한 기생이었어요. 23살이 되자 김만덕은 드디어 기생의 신분에서 풀려나 장사를 시작하였어요. 객주*를 차려 제주도 물품과 육지 물품을 사고파는 일을 해서 큰 돈을 벌게 된 만덕은

기생
천민 신분으로 관청이나 술집의 잔치에서 노래와 춤을 추며 흥을 돋우는 일을 하는 여자를 말해요.

객주
물건을 대신 팔아주거나 사주는 가게를 말합니다.

김만덕 기념관(제주)

제주도의 알아주는 부자가 되었지요.

마침 그 때 제주도에는 계속되는 재해*로 백성들이 굶주리고 있었어요. 이를 딱하게 여긴 조정에서 제주도 사람들을 구제하려고 보낸 쌀을 실은 배도 풍랑에 침몰했지요. 그리하여 제주도에는 굶어 죽는 백성들이 나날이 늘어났어요. 이를 본 김만덕은 **자신의 전 재산을 털어 백성들에게 쌀을 나누어 주었어요.**

이 소식을 들은 정조 임금은 김만덕을 궁궐로 불러 직접 만나고, 그녀의 소원을 물어 금강산 구경을 시켜주었어요. 많은 시인들이 김만덕의 이야기를 글과 시로 남겼고, 아직까지도 그의 정신을 살려 여러 가지 기부 행사에 김만덕의 이름이 쓰이고 있습니다.

재해
뜻하지 않게 생긴 불행한 피해로 지진, 태풍, 홍수, 가뭄, 전염병 등을 말해요.

5

조리서를 쓴 안동 장씨와 여성 실학자 빙허각 이씨

1670년 동아시아, 즉 조선과 중국, 일본을 통틀어서 **최초로 여성이 쓴 음식조리서**인 **『음식디미방』**이 나옵니다. 그 책을 쓴 사람은 바로 **안동 장씨(1598~1680)**였지요. 이 책은 한글로 쓴 최초의 조리서로, 그 제목을 풀이하면 **'음식의 맛을 내는 방법'**이라는 뜻이지요.

안동 장씨는 집안의 딸과 며느리를 위하여 조리서를 썼는데, 그의 나이 70살이 넘어 쓴 책이었지요. 어두운 눈으로 장씨 부인은 146가지의 음식 만드는 법을 상세하게 적어 놓았답니다.

책에 나오는 음식들을 살펴보면 국수와 떡부터 시작하여 만두, 김치 등의 음식을 만드는 법, 술과 각종 양념 만드는 법, 고기와 해산물, 과일, 채소를 저장하는 법 등을 소개하고 있습니다.

이전에는 남성들이 중국의 요리책을 참고하여 만든 조리서들이 대부분이었으나, 안동 장씨가 남긴 『음식디미방』을 통해 우리 조상들의 음식 문화를 자세히 파악할 수 있게 되었지요.

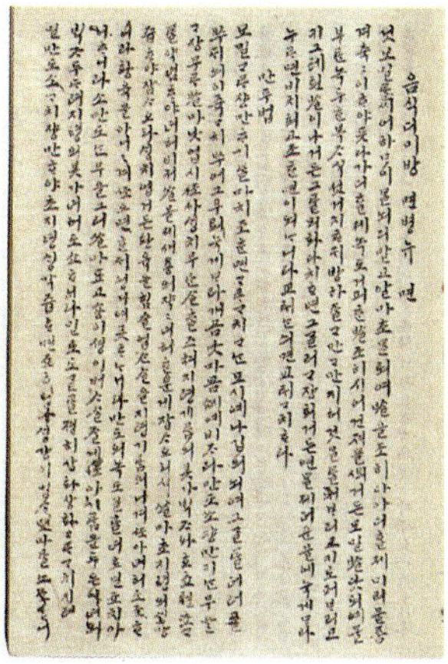

음식디미방

한편, 조선 후기에는 **실생활에 도움이 되는 지식들을 연구하는 학문인 실학이 유행**하였습니다. 거의 모든 실학자들이 남자였지만 **빙허각 이씨(1759~1824)는 여성 실학자**였어요.

빙허각 이씨는 서울에서 명문 가문의 딸로 태어났습니다. 그는 어려서부터 글을 배워 익히고, 15살이 되어서는 책을 쓸만한 지식과 글 솜씨를 갖추었지요. 그녀는 유명한 실학자 집안에 시집을 가게 됩니다.

빙허각 이씨의 남편은 늦은 나이에 과거에 급제하여 벼슬길에 올랐지만, 곧 관직에서 쫓겨나게 됩니다. 그는 집안의 몰락을 겪으며 직접 차밭을 일궈내어 살림을 이끌어갔지요. 이 때의 경험으로 **『규합총서』**라는 책을 만들어냅니다.

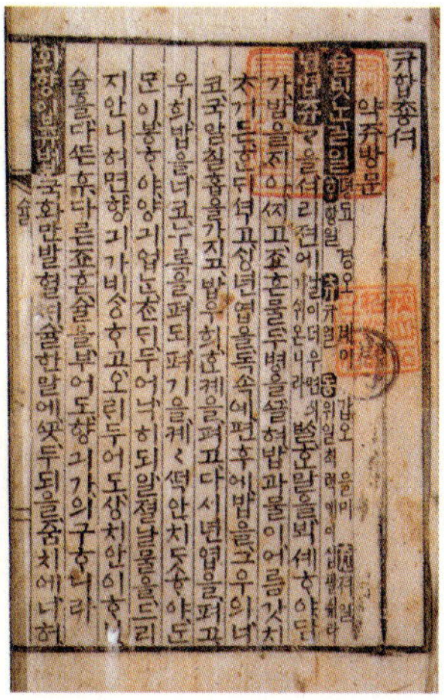

규합총서

이 책은 여러 책에서 얻은 지식과 생활 속의 지식을 담고 있지요. 구체적으로는 장 담그기, 술 빚기, 반찬 만들기, 옷 만드는 법, 밭 가꾸는 법, 가축 기르는 법, 구급 처방, 부적* 쓰는 방법 등 일상생활에 필요한 많은 내용들이 담겨 있어요. 일종의 **여성들을 위한 가정생활의 백과사전**이라 할 수 있죠.

부적
잡귀를 쫓고 재앙을 물리치기 위해 쓰거나 그려 집에 붙이는 종이를 말해요.

탐구 활동

조선 시대 여성들의 미용에 대해 알아봅시다.

화장품 그릇

조선 시대 여성들은 유교의 영향으로 자유로이 연애하거나 밖에 외출하지 못했어요. 특히 지배층인 양반 집안의 여성들은 더욱 자유로이 행동하지 못했었죠. 또한 외면의 아름다움 보다는 마음을 닦아서 부드럽고 심성이 고운 여인이 되는 것이 좋다고 여겨졌죠. 하지만 여성들은 모두 아름다워지고 싶은 마음이 있었으니, 조선 시대 여성들도 마찬가지 아니었을까요?

우선 조선 시대 여성들은 화장을 어떻게 하였는지 봅시다.

조선 시대에 여성들은 얼굴을 희게 만들어 주는 분화장, 눈썹을 짙게 하는 눈썹화장, 입술을 붉게 하는 입술 연지, 볼을 붉게 만드는 연지 화장을 주로 하였어요. 세수를 할 때는 비누가 없었으므로 주로 쌀을 씻은 물인 쌀뜨물이나 팥이나 콩을 갈아 만든 물로 세수를 하였지요. 세수를 한 후에는 수세미즙, 오이즙, 수박즙, 창포물 등을 얼굴에 발라서 피부에 수분을 보충해 주었데요. 그러고 나서는 피부색에 따라서 쌀을 갈아서 만든 분가루나 황토 흙을 이용해 만든 분가루를 얼굴에 묻혀서 피부색을 곱게 하였데요. 다음으로 눈썹을 그리기 위해서는 주로 꽃이나 가지를 태운 숯이나 재를 이용했데요. 마지막으로 입술이나 볼을 붉게 하는 연지는 붉은 꽃을 이용해 만들었다고 하지요.

어린 소녀들의 머리모양

화장을 했으니 머리도 해야겠지요? 조선시대의 나이 어린 소녀들은 주로 뒤로 땋은 머리를 했다고 합니다.

그러다 시집을 간 후에는 주로 둘레머리라고 하여 두 갈레 땋은 머리카락으로 머리를 둘르는 머리 모양을 하였어요. 우리가 잘 아는 신사임당 초상화의 머리가 바로 그 머리이지요.

양반 여인들은 머리를 더 풍성하게 보이게 하기 위해 가채라고 불리는 가발을 쓰기도 하였데요. 머리 모양을 갖추고는 다양한 머리 장식들을 머리에 꽂았지요. 비녀와 족두리, 뒤꽂이 등을 머리 장식으로 꽂았어요.

가채

문제 : 오늘날의 여성들의 화장품이나 머리 모양과 예전 조선 시대 여성들의 화장품, 머리 모양을 비교해 봅시다.

	조선 시대	오늘날
여성들의 머리 모양		
화장품		

문제 풀이

1 **다음은 역사에 이름을 남긴 조선 시대 여성들의 이름과 그들이 한 일을 나타낸 것입니다. 이들 중 인물과 인물이 한 일이 <u>잘못</u> 짝지어진 것은?**
(   )

① 신사임당 – 시와 그림으로 유명했던 예술가로 율곡 이이의 어머니로도 유명하다.

② 인수대비 – 궁궐의 큰 어른으로서 여성을 교육하는 「내훈」이란 책을 만들었다.

③ 빙허각 이씨 – 각종 조리법을 담은 「음식디미방」이라는 조선시대의 대표적인 요리책을 남겼다.

④ 김만덕 – 제주도 지역에서 상인으로 크게 성공하여 모은 재산을 흉년에 굶주린 백성을 위해 기부했다.

2 **다음의 인물들 중에 한 명을 골라서 그를 소개하는 글을 써 보세요. 왼편에는 그의 모습을 상상해 그림을 그리고, 오른쪽에는 소개하는 내용을 적어 보세요.**

조선시대에 여러 분야에서 활동했던 대표적인 여성들

– 궁중의 큰 어른 인수대비	– 오만원 권의 주인공 신사임당
– 천재 시인 허난설헌	– 백성들을 살린 김만덕
– 조리서를 쓴 안동 장씨	– 여성 실학자 빙허각 이씨

–그림–

–소개하는 내용–

정답과 해설은 116쪽에 있습니다.

3 새로운 문물의 전래와 신도시 화성 건설

학습내용 : 새로운 문물의 전래모습을 알고, 정조의 화성 건설과 정약용의 업적을 탐구한다.

1 새로운 문물이 들어오다

조선 후기에는 중국을 통하여 서양의 과학기술이 들어오기 시작했어요. 서양 문물은 17세기경부터 중국을 오가던 사신을 통해서 들어왔지요. 화포, 천리경, 자명종 등의 기구와 『천주실의』, 『곤여만국전도』 등의 책과 지도가 이 때 들어왔습니다.

당시 청의 수도인 베이징에는 서양 선교사들이 와 있었는데, 조선의 사신들은 청에 갔다가 선교사들을 만나 서양 문물을 소개받았습니다. 서양 문물에 주로 관심을 가진 사람들은 실학자들이 대부분이었지요.

서양에서 전해진 문물들은 조선 사람들에게 다양한 영향을 주었습니다. 우선 서양에서 『곤여만국전도』가 전해지면서 조선 사람들은 세계 지리에 대해 보다 과학적이고 정확한 지식을

천리경

자명종

곤여만국전도
1602년 이탈리아의 신부 마테오 리치가 중국 사람과 만든 지도예요. 조선에 전해져 세계에 대한 새로운 지식을 알게 해주었지요.

가지게 되었죠. 또한 중국이 세계의 중심이라 믿던 생각도 바뀌게 되면서, 동아시아 말고도 더 넓은 세계가 있다는 것을 알게 되었습니다.

한편, 학자들은 『천주실의』*를 소개받으면서 처음에는 그저 서양의 종교가 무엇인지 알아보고자 이 책을 읽어보았지요. 대다수의 학자들은 천주교를 종교로 믿지 않았으나, 일부 사람들은 천주교의 교리를 완전히 이해하고 천주교 신자가 되기도 하였어요.

천주실의
마테오 리치가 한자로 쓴 책으로, 천주교의 중요한 내용을 담고 있어요.

2 정조의 '신도시 계획' 화성 건설

조선의 지배층인 양반 관리들은 점차 자신들의 이익에 따라 무리를 지어 갑니다. 처음에는 서로를 인정하면서 누가 더 올바른 정치를 하는지가 관심이었지만, 조선 후기로 가면서 신하들 간의 싸움이 죽느냐 사느냐의 문제로 바뀌어 갑니다.

신하들이 무리를 지어 목숨을 건 다툼을 하는 바람에 나라는 점점 혼란스러워 졌지요. 이러한 시대에 **임금의 권위를 바로 세워 올바른 정치를 펼친 왕**이 있었으니 **영조**와 그의 손자 **정조**입니다.

영조는 탕평책*을 내세워 신하들이 예전과 같이 서로를 인정하며 임금이 올바로 나라를 다스리도록 돕는 역할을 하도록 노력하였지요. 그의 손자인 정조 또한 할아버지의 뜻을 더 발전시켜서 강력한 임금이 되어 나라를 이끌어갔습니다.

탕평책
영조가 신하들의 싸움을 막기 위해 어느 한 쪽도 치우침 없이 공평하게 대하겠다고 만든 정책을 말해요.

정조는 임금이 되어 **규장각**을 설치하고 인재들을 모았습니다. 임금의 힘을 키워 신하들이 싸움을 하지 못하도록 막고, 정치와 관련된 여러가지 문제들을 고치기 위해서였지요.

나라가 어느 정도 안정되자 정조는 왕의 위엄을 떨치기 위해 지금의 수원에 **화성**이라는 **새로운 도시를 건설**하였어요. 또한 서울에서 수원 화성에 가기 위해 배다리를 만들어 한강을 건넜습니다.

1794년부터 시작된 공사에는 여러 가지 새로운 기술들이 쓰였

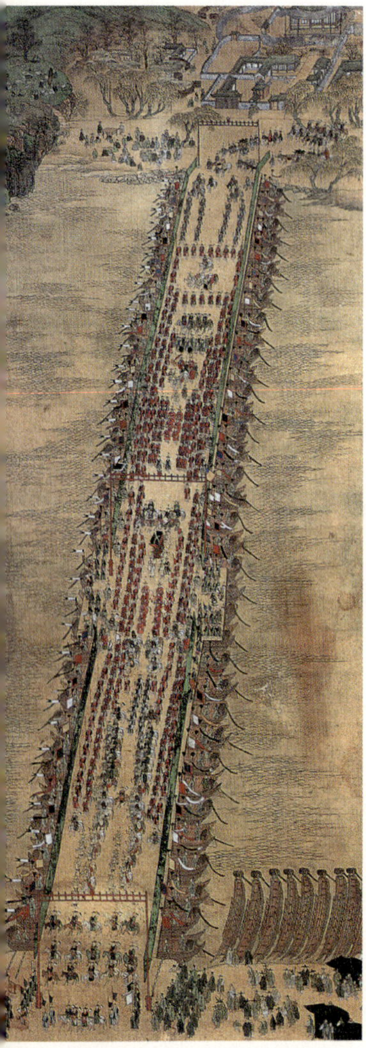

배다리
정약용이 정조가 한강을 편하게 건너도록 만든 다리입니다. 큰 배들을 이은 후 위에 나무판을 데어 만들었습니다.

영조 어진

정조 어진

습니다. 우선 성을 설계할 때 대포를 설치할 자리를 만들었고, 서양의 건축 기술을 일부 들여와 성을 쌓았습니다. 또한 **정약용은 거중기와 녹로와 같은 새로운 기계들을 사용**하였지요. 이로 인해 짓는데 10년은 넘게 걸릴 것 같다던 화성이 불과 2년 4개월 만에 완성되었어요.

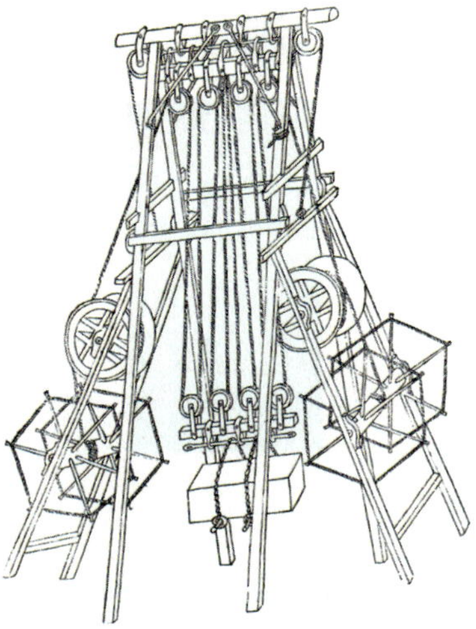

거중기
무거운 물건을 들어올리는 기계로 정약용이 만들었어요.

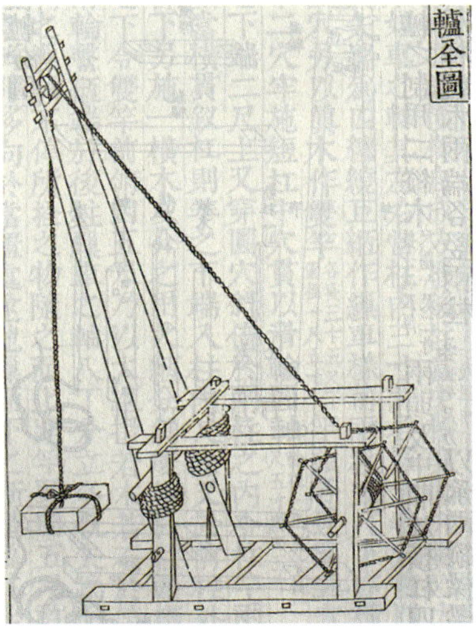

녹로
거중기와 함께 화성공사를 위해 정약용이 만든 것이에요.

탕평비(서울 종로 성균관 앞)
신하들의 다툼을 막고자 하는 영조의 뜻이 새겨진 비석입니다.

주합루(규장각, 창덕궁)
본래 왕실의 도서관이었으나 정조가 인재를 기르고, 개혁정치를 펴기 위한 핵심기관으로 자리 잡았어요.

화서문(경기 수원)
화성의 서쪽에 있는 문이라 하여 화서문입니다.

정조의 본래 생각은 한양에서 화성으로 수도를 옮기는 거였다고 해요. 하지만 정조가 갑자기 숨을 거두는 바람에 그 뜻을 이루진 못했지요. 아직도 수원 화성은 조선 후기의 대표적인 건축물로 남아 있습니다.

③ 정조의 뜻을 펼쳐준 정약용

조선 후기 정조는 임금의 힘을 키워 강력한 나라를 만들기 위한 꿈을 꾸었습니다. 정조가 이러한 꿈을 펼칠 수 있도록 도운 사람들 중에 대표적인 인물이 **정약용**이었어요.

정약용(1762-1836)은 조선 후기의 실학자이자 관리로서 **실학이란 학문을 총 정리한 뛰어난 사람**이었어요. 정약용은 그 당시 대다수 양반들이 성리학에만 빠져 다른 학문을 무시하는 것을 인정하지 않았어요. 그래서 여러 방면에서 지식을 얻어 외국어 · 역사 · 지리 · 과학 · 의학 · 예술 등 다방면에 책을 남겨 놓았지요.

정약용

정조는 뛰어난 능력을 지닌 정약용을 규장각으로 불러들여 자기 사람으로 만들었습니다. 그리하여 정조가 화성 건설의 뜻을 지녔을 때, 이를 도운 사람도 정약용이었지요. 그는 화성을 설계함과 동시에 거중기와 녹로를 만들어 공사가 빨리 끝나도록 도왔어요. 또 정조가 사도세자의 능(현륭원)을 찾아갈 때 한강을 편하고

정약용이 태어난 집(경기 남양주)

정약용이 귀양가서 살던 다산 초당(전남 강진)

안전하게 건널 수 있도록 배다리를 만들었지요.

그러던 중에 정조가 갑자기 죽자 그에게도 시련이 찾아옵니다. 젊었을 때 호기심으로 공부했던 서학* 때문에 귀양을 가게 된 것이지요. 고달픈 귀양살이 중에도 정약용은 쉬지 않고 학문을 연구하고, 책을 만들어 냅니다. 그의 대표적인 책인 **『목민심서』**와 **『경세유표』**는 아직까지도 사람들에게 자주 읽히는 책이 되었지요.

서학
서양에서 들어온 천주교(기독교)를 비롯하여 서양에 관련된 학문을 말합니다

실학자로서 정약용은 당시 백성들이 겪어야 했던 고통과 사회 문제들을 날카롭게 짚었습니다. 또한 일부 힘 있는 양반들만의 이익을 위한 나라가 아니라 백성들을 위한 나라를 만들고자 했지요. 그는 그러기 위해 당시 천대받던 과학 기술과 상공업에도 관심을 가져 백성이 잘 사는 강한 나라를 만들어야 한다는 꿈을 꾸었지요.

실학 박물관(경기 남양주)
실학 박물관은 조선 후기 개혁사상인 실학에 관한 자료의 수집, 연구, 전시 및 체험 교육을 하고 있어요. 전시 내용은 실학의 형성과 전개, 천문과 지리 등 실학사상 전반을 체계적으로 보여주고 있답니다. 아울러 실학 캠프, 실학 여행 등, 다양한 문화 체험 프로그램을 운영하고 있어요. 경기도 남양주 정약용 생가 옆에 있어요.

탐구 활동

실학이 등장하게 된 배경에 대해 알아봅시다.

조선은 임진왜란과 병자호란을 겪으면서 크나큰 어려움을 겪게 되지요. 많은 사람들이 포로로 끌려가거나 죽게 되면서 조선의 인구는 크게 줄어들었으며 농사지을 땅도 잃게 됩니다.

나라 상황이 안 좋았는데도 조선의 신하들은 자신들의 주장을 두고 다툼을 벌였어요. 대표적인 것이 효종의 아들인 현종 임금 때에 현종의 할머니인 조대비가 죽자 상례를 어떻게 지내야 하는지를 놓고 벌어진 '예송논쟁'이 있어요. 백성들은 굶주리고 있는데도 신하들은 쓸데없이 예법 같은 것만 따지고 있었던 거지요.

이러하던 때 조선이 원수처럼 여겼던 청나라에서는 새로운 분위기가 일어납니다. 바로 현실의 여러 가지 문제들을 해결하는데 도움이 되는 학문을 연구하고자 하였던 거지요. 이러한 청나라의 새로운 움직임은 조선에도 전해져서 '실학'이란 새로운 학문을 만들어냅니다.

실학을 연구하던 사람들은 어려운 환경에 처한 백성들을 구하기 위해 일부 양반들이 독차지 하고 있던 땅을 백성들에게 공정하게 나누어주는 방법을 연구하거나 청의 발달된 문물을 과감히 받아들여 상업과 공업을 발달시키자는 주장을 하였지요. 또한 그들은 우리말과 우리 땅, 우리 역사를 연구하여 우리에게 맞는 학문을 발달시키자고 하였어요.

문제

- 실학이 조선에서 생기게 된 데는 나라 안과 나라 밖에 어떤 원인이 있었나요?

힌트 도우미
전쟁의 영향을 잘 생각해보세요.

힌트 도우미
청나라의 새로운 분위기를 생각해보세요.

나라 안의 원인	
나라 밖의 원인	

문제 풀이

1 다음 임금의 업적으로 알맞은 것은?(　　)

1. 생애 : 1694년 ~ 1776년
2. 아버지 : 숙종
3. 특징 : 조선의 임금 중 가장 장수한 임금으로 83세까지 살았으며, 왕위에 있었던 기간도 52년으로 가장 길다.

① 수원에 계획도시인 화성을 만들었다.
② 백성들을 위하여 한글을 창제하고, 반포하였다.
③ 탕평책을 펼쳐 신하들 간의 다툼을 줄이고자 노력하였다.
④ 규장각을 궁궐 내에 설치하여 학자들을 모아 학문 연구에 힘썼다.

2 다음에서 설명하는 인물의 이름을 적어보세요.

인물의 이름 : ______________

- 조선 후기의 대표적인 실학자입니다.
- 정조가 화성을 건설할 때 거중기와 녹로를 만들어 공사 기간을 단축시켰습니다.
- 올바른 정치를 하도록 『목민심서』와 같은 책을 남겼습니다.

정답과 해설은 116쪽에 있습니다.

4 조선후기 문화의 발달

학습내용 : 풍속화와 민화 등을 중심으로 문화의 모습을 조사한다.

1 진경산수화와 풍속화의 유행

조선 후기에는 그림에서도 변화가 나타납니다. 바로 **진경산수화와 풍속화가 유행**하기 시작한 거지요. **진경산수화란 우리의 자연을 사실적으로 그린 그림**을 말합니다.

본래 조선 초기에는 진짜 산의 경치를 보고 그린 그림보다는 상상을 하여 중국의 산들을 그린 그림들이 유행하였지요. 하지만 조선 후기로 갈수록 우리 산과 들을 직접 보고 그린 그림들이 나타났지요.

금강전도(서울 리움미술관)
정선이 그린 그림으로 내금강의 풍경을 왼편에는 흙산을 배치하고 오른쪽에는 뾰족한 바위산을 그려넣었어요.

인왕제색도(서울 리움미술관)
비온 뒤의 인왕산 경치를 그린 것으로 인왕산의 바위를 가득하게 배치하였어요.

기와이기(김홍도, 단원 풍속 화첩, 국립 중앙 박물관)

씨름(김홍도, 단원 풍속 화첩)

진경산수화의 대표적인 화가는 정선(1676~1759)이었습니다. 그는 서울과 강원도 근처의 경치가 뛰어난 곳들을 두루 다니며 직접 본 것들을 사실적으로 그렸습니다. 정선은 그의 대표적인 작품으로 꼽히는 『금강전도』와 『인왕제색도』에서 바위산은 선으로 그리고, 흙산은 묵으로 표현하는 방법을 사용하였답니다.

진경산수화와 함께 풍속화 또한 큰 인기를 얻습니다. 풍속화는 사람들의 일상생활 속에서의 장면을 찾아 그린 그림입니다. 풍속화에는 양반들의 생활뿐만 아니라 일반 백성들과

서당(김홍도, 단원 풍속 화첩)

단오 풍정(신윤복, 간송미술관)
5월 5일 단오 명절때의 여자들의 모습을 그렸어요.

여인들의 모습도 담겼습니다.

조선 후기 풍속화에 새로운 경지를 연 화가는 **김홍도**였습니다. 그는 여러 종류의 그림들을 그렸지만 특히 정감 넘치는 풍속화를 그린 작가로 유명하지요. 김홍도는 추수하는 논, 씨름판, 서당 등에서 사람들의 모습을 잡아내어 정감 있고 익살스러운 그림들을 그려냈습니다. 김홍도와 함께 신윤복 또한 풍속화로 유명합니다. 신윤복은 양반들과 조선시대 여인들의 생활 모습을 세련되고 섬세하게 그렸어요.

김홍도와 신윤복의 그림을 통해 18세기 후반의 사람들의 활기찬 생활 모습을 살필 수 있지요.

2 조선 후기 사람들의 생각을 담은 민화

조선 후기에는 **백성들의 정서와 관심을 담아낸 민화도 유행**하였습니다. 양반들의 그림이 사군자*와 같이 그들의 정서를 담으려고 했다면, 민화에는 해, 달, 나무, 꽃, 동물, 물고기, 글자 등 쉽게 볼 수 있는 소재들이 등장합니다. 당시 사람들은 위와 같은 소재로 민화를 그려 소원을 빌고, 집을 장식하려 했지요. 이런 민화에는 소박한 우리 정서가 짙게 배어 있습니다.

사군자 매화·난초·국화·대나무 등 네 가지 식물을 말해요. 이 식물들은 선비를 상징하지요.

민화는 전문 화원*들이 그린 것도 있지만 대부분 양반들과 일반 백성들이 그린 것들이 많습니다. 그런 이유는 다루는 소재가 다양하고 일정한 형식이 없이 그려졌기 때문이겠지요.

화원 도화서라는 관청에서 그림을 전문적으로 그리는 사람을 말해요.

민화는 장식하는 장소와 쓰임새에 따라 종류를 달리하였습니다. 우선 꽃과 함께 의좋게 노니는 한 쌍의 새를 소재로 한 화조도

책가도(선비들의 책방)

문자도(효)

작호도(호랑이와 까치)

운룡도(민화)

가 많았어요. 그리고 나비나 메뚜기·꿀벌 등을 그린 그림과 사슴·까치·말·소·호랑이 등을 산수 속에 표현한 그림도 있었지요.

소재들은 각각 다른 뜻이 있었는데, 까치는 새로운 소식을 알리는 의미로, 호랑이는 나쁜 귀신의 침범이나 부정을 막는 의미로 여겨졌어요. 또 오래 사는 것을 바랄 때는 거북·소나무·해 등이 나오는 십장생도를 그렸지요.

그리고 효(孝)나 충(忠)과 같은 글자를 그림으로 그려 항상 그러한 마음을 간직하려고 하였어요. 뿐만 아니라 자식들에게는 공부를 열심히 하란 뜻으로 책장 그림도 그려 주었지요.

3 조선 후기에 새롭게 등장한 판소리와 탈놀이

줄타는 광대(기산풍속도)

조선 후기 문화의 특징 중에 하나는 문화를 누리는 사람들이 늘어났다는 거였어요. 과거에는 주로 양반들이 문화를 누렸다면, 이제는 일반 백성들도 앞장서서 문화를 만들어내고, 즐길 수 있게 된 것이지요.

이런 변화가 나타난 데에는 상공업이 발달하여 일반 백성들의 경제력과 자신감이 커졌기 때문이었어요. 그 중에서도 가장 두드러지고 인기 있는 분야는 **판소리**와 **탈춤**이었습니다.

판소리는 구체적인 이야기를 창*과 사설*로 엮어, 노래와 몸짓으로 표현하는 예술의 한 종류였어요. 특히 판소리는 노래하는 사람의 감정 표현이 솔직하였지요. 그뿐만 아니라, 관객들의 분위기에 따라 광대가 즉흥적으로 이야기를 빼거나 더할 수 있었고, 관중들은 추임새*로써 함께 어울릴 수 있었기 때문에 일반 백성에서부터 양반에게까지 인기를 끌었어요.

창
판소리에서 가락에 맞춰 부르는 노래

사설
판소리에서 창을 하는 중간에 가락을 붙이지 않고 이야기로 표현하는 부분

추임새
"얼씨구", "좋다"와 같이 관객들이 흥에 겨워 하는 소리를 말해요.

탈놀이도 조선 후기의 사회 변화와 함께 큰 인기를 얻었습니다. 탈놀이에서는 공연하는 사람이 탈이란 가면을 썼기 때문에 표현을 할 때 좀 더 과감하게 할 수 있었지요. 예를 들면, 나쁜 짓을 하다가 사람들에게 혼나게 되는 승려나, 하인들에게 놀림을 당하는 양반이 등장하여 구경꾼들이 평소에 하고 싶었으나 하지 못했던 일들을 대신 보여주었지요.

마지막으로 음악에서도 새로운 움직임이 나타났어요. 과거에는 양반들이 주로 즐기던 가곡과 시조가 주로 만들어졌다면, 이제는 판소리, 산조, 잡가와 같은 다양한 종류의 음악들이 광대나 기생을 통해 만들어졌어요.

판소리(기산풍속도)

탈춤(양주별산대놀이)

탐구 활동

김홍도의 풍속화를 보고 각각의 그림에서 발견할 수 있는 조선 후기 사람들의 생활 모습을 생각해봅시다.

1. 각각의 그림은 무엇을 하는 모습일까요?

2. 그림에서 인상 깊거나 재밌게 느껴지는 점을 적어보세요.

문제 풀이

1 **다음 설명에 해당하는 그림을 고른 것은?(　　)**

조선 후기에 서민들 사이에서 유행한 실용적인 그림으로, 해와 달, 나무와 꽃, 동물과 물고기, 문자 등을 소재로 하여 그린 그림들을 말합니다.

①
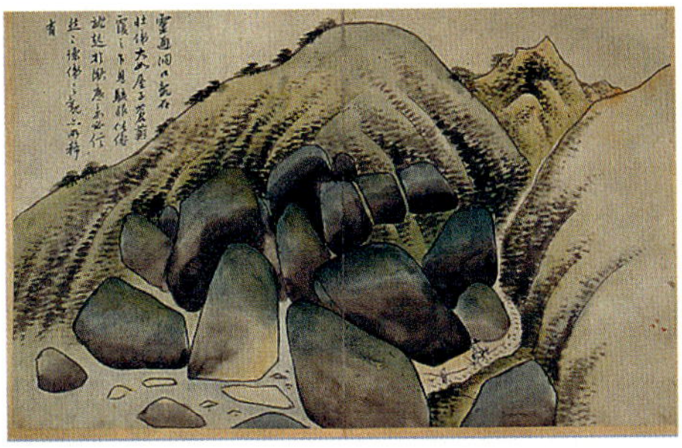
②

③

④

2 **다음 네모의 빈칸에 들어갈 알맞은 말들을 적어보세요.**

새로운 문화인 판소리가 유행하다.
요즘 우리 조선의 문화계에는 새로이 판소리가 대단한 인기를 끌고 있습니다. 판소리에는 노래하는 사람인 광대가 관객들과 함께 호흡하며 노래와 몸짓, 아니리를 펼쳐나갑니다. 특히 판소리에는 양반들을 비꼬는 내용도 많이 나오는데, 이는 예전에는 상상도 할 수 없는 일이었습니다.
판소리가 유행하는 것은 과거에는 문화를 누리는 사람들이 주로 (①)들이었다면 지금은 일반 (②)들이 문화를 앞장서서 만들고 있다는 것을 알게 해주는 현상입니다.

①번 정답 (　　　　　　)

②번 정답 (　　　　　　)

정답과 해설은 116쪽에 있습니다.

5 조선 후기 농민의 성장과 저항

학습내용 : 홍경래 등 인물 이야기를 중심으로 농민의 성장과 저항에 대해 이해한다.

1 사회를 바꾸려는 백성들의 노력

세도정치
임금이 제 역할을 못하고, 권력을 대신 받은 신하들이 나라를 다스리는 것을 말해요. 대표적으로 안동 김씨 가문과 풍양 조씨 가문이 세도정치를 하였어요.

수령
지방에서 고을을 다스리던 관리를 말해요.

임금의 힘을 강하게 하여 나라를 안정시키려 했던 영조와 정조의 노력은 얼마 안가 세도 정치*가 시작되면서 물거품이 됩니다. 정조의 아들인 순조가 왕위에 오르면서 어린 임금 대신에 대비나 왕비의 친척들이 나라를 맡아 다스리는 세도정치가 시작되지요.

권력을 잡은 사람들은 자신들 집안의 이익만을 앞세우는 경우가 많았죠. 그리고 이 때를 틈타 지방의 수령*들까지도 자신들의 배를 채우기 위해 백성들을 괴롭혔지요.

강제로 더 많이 물리는 세금에 힘들어하던 백성들에게 엎친 데 덮친 격으로 전염병, 홍수와 가뭄과 같은 자연재해까지 찾아옵니

이양선
조선 후기 우리나라 앞바다에 나타난 외국 선박으로 우리 배와 모양이 다른 배라는 뜻으로 붙여진 이름이었죠.

다. 특히, 전염병은 많은 백성들의 목숨을 빼앗아 갔어요. 농민들은 살기 힘든 터전을 떠나 집과 땅도 다 버리고 무거운 세금을 피하기 위해 도망쳤습니다.

백성들의 삶이 점점 어려워지면서 조선 사회에 대한 불만은 점차 커져 가게 되었죠. 백성들 사이에는 조선이 곧 망하고 새로운 나라가 세워질 것이라는 소문이 널리 퍼지고, 생전에 보지 못했던 서양인의 배(이양선)까지도 나타나자 혼란은 극에 달해가지요.

이때 서양의 종교인 **천주교*가 조선에 본격적으로 들어왔습니다.** 천주교는 **'신 앞에는 모든 인간이 평등하다'**는 믿음을 가지고 있었어요. 이러한 믿음은 당시로서는 놀라운 것이었죠. 신 앞에 모든 인간은 평등하다는 믿음과 죽은 후 영혼이 천국에 갈 수 있다는 말에 천주교를 믿는 백성들이 점차 늘어났죠.

그러나 나라에서는 조상에 대한 유교식 제사를 거부하고 신분 질서를 부정한다고 하여 **천주교를 금지하고 신자들을 대대적으로 처형하는 일**이 벌어지고 말았어요. 이러한 천주교 신자의 처형으로 아직까지 우리나라에는 성지가 많이 남아있어요.

절두산 성지(서울 마포)
1만여 명의 천주교(가톨릭) 신자들이 목이 잘려 처형되었다 하여 '절두산'이라 불리어요.

김대건
한국 천주교 최초의 신부이자 순교자이지요.

천주교
중국에서 로마 가톨릭을 부르던 말이 건너온 말이에요. 오늘날 성당에 다니면서 하느님을 믿는 종교이지요.

② 사람은 곧 하늘임을 알린 동학

유교는 혼란한 사회를 살던 사람들에게 위로가 되지 못했어요. 힘든 시기에 의지할 만한 종교를 찾던 백성들은 서양 선교사*들이 전해 준 천주교를 믿기도 하였지요. 천주교는 서쪽에서 전해졌다고 해서 '서학'이라고 불렸습니다. 하지만 천주교는 생전 보지 못했던 서양 사람들이 전해준 종교이므로 거부감을 느끼는 백성들도 많았지요.

그러던 중에 1860년 경주에 살던 **최제우**라는 사람이 새로운 종교인 **동학**을 만듭니다. 최제우는 전통적으로 전해 내려오던 **민족 신앙*을 바탕으로 유교, 불교, 천주교 등 여러 종교의 장점들을 합쳐서 새로운 종교를 만들었어요.**

최제우는 동학을 만들면서 **'사람이 곧 하늘이다.'** 라고 주장하며, 모든 사람이 평등하다는 것을 강조하였어요. 또한 양반과 상민을 차별하지 않아야 하고, **노비제도를 없애야 한다고 주장**하였지요. 그리고 그는 백성들이 바라는 세상이 곧 찾아온다는 말도 하였어요. 동학의 이러한 사상들은 곧 백성들 사이에서 큰 인기를 얻게 되지요.

최제우

동학이 나라 전체로 퍼져나가자 왕과 신하들은 걱정하기 시작했어요. 동학 교도들이 천주교와 마찬가지로 양반과 상민이 평등하다고 믿게 되자, 조선

선교사
어떤 종교를 다른 나라나 지역에 전하는 사람을 말해요.

민족신앙
유교나 불교, 천주교가 만들어지기 전부터 우리 민족이 믿었던 종교를 말해요. 주로 자연을 섬기거나 하였지요.

선생님 질문있어요

아직도 동학을 믿는 사람들이 있어요?

동학은 그 이름이 '천도교'로 바뀌어서 아직까지도 남아있어요.
비록 믿는 사람들이 많이 줄긴 했지만 지금도 천도교를 믿는 사람들이 있죠.

정부에서는 이를 도저히 받아들일 수 없었어요. 결국 **동학은 나라로부터 탄압을 받게 되었지만, 동학을 믿는 사람들은 전국적으로 계속해서 늘어만 갔습니다.**

3 홍경래와 농민군이 꿈꾼 세계

조선은 경상도, 전라도, 경기도 등과 같이 나라를 8도로 나누어 다스렸어요. 그런데 특이하게도 똑같은 조선 땅이었는데 지금의 북한 땅인 평안도에서는 높은 벼슬을 한 사람이 거의 나오지 않았지요. 그리하여 **평안도 사람들은 자신들이 보이지 않는 차별을 많이 받고 있다고 생각했답니다.**

한편, 조선 후기 때 평안도에는 많은 광산들이 생겨났어요. 거기서 금과 같은 귀한 금속들이 많이 나왔지요. 평안도에는 잘 사는 사람들이 많아졌지만, 관리들이 강제로 재산을 빼앗는 일들이 점점 늘어갔어요.

보이지 않는 차별에 재산까지 빼앗긴 것에 분노하던 평안도 사람들은 **홍경래** 아래에 모여들어요. 홍경래는 새로 광산을 만든다며 사람들을 불러 모았지요. 그는 모여든 사람들을 군인으로 훈련시키며 때를 기다렸어요.

그러던 중 1811년 전국적으로 큰 흉년이 들었어요. 특히 평안도는 피해가 심했지요. 이 때를 노린 홍경래는 **군대를 일으켜서 평안도의 여러 지역을 차지해 갑니다.** 이렇게 빠르게 **평안도 지역을 차지**할 수 있었던 것은 그동안 불만에 차있던 백성들이 홍경래를 도운 덕이었지요.

평안도 전체를 차지할 수 있을 것처럼 보였던 홍경래와 농민군은 곧 관군*들의 반격을 받게 됩니다. 관군들에게 계속해서 패하던 홍경래와 그의 군대는 점차 힘이 약해져만 갔고, 결국 차별 없는 세상을 만들려던 계획은 물거품으로 돌아갑니다. 그러나 홍경래의 봉기는 훗날 일어날 농민 항쟁의 시작이었어요.

관군
관청에 속하여 임금을 위해 싸우는 군대를 말해요.

④ 더 이상은 못 참아! 농민들이 들고 일어나다!

조선 후기 때 농민들 중에는 넓은 땅을 가지고 농사짓는 사람들도 있었지만, 자기 땅이 없이 남의 땅을 빌려서 농사짓는 사람들이 훨씬 많았지요. 그들은 땅을 빌리는 대가로 농사지은 곡식의 절반 가까이를 땅 주인에게 바쳐야만 했어요.

그런데 그게 끝이 아니었죠. 농민들은 나라에도 세금을 내야 했어요. 세도정치로 나라의 기강이 흔들리면서, 농민들이 내야 할 세금의 양도 계속해서 늘어났어요. 고을의 수령들은 별별 구실로 세금을 더 걷어갔고, 농민들은 힘들게 농사를 지어도 남는 게 없을 정도였어요. 농민들은 자신들의 억울함을 풀어달라고 이곳저곳에 하소연도 해보고, 관리들에게 편지도 썼지만 전혀 받아들여지지 않았답니다.

마패
당시 나라에서는 부정한 관리들을 파악하기 위해 암행어사를 보냈는데 이들이 가지고 다니던 패로 말을 이용할 수 있는 권한을 준 거죠.

결국 1862년, 경상도 진주에서 무거운 세금에 더는 참을 수 없었던 농민들이 관청으로 쳐들어갑니다. 이를 '진주민란*'이라 하지요. **이 소식은 빠르게 충청, 전라, 경상의 삼남 지방으로 퍼져 더 많은 농민들이 온 나라에서 들고 일어나게 됩니다.**

민란
포악한 정치에 반대하여 백성들이 일으킨 폭동이나 소요를 말해요.

놀란 왕과 신하들은 잘못된 세금 문제를 바꾸겠다고 약속하였습니다. 그러나 조정에서는 약속을 지키지 않았습니다. 결국 화가 난 농민들은 곳곳에서 들고 일어나 세금 문제를 제대로 바꾸어 달라고 말합니다.

진주성

경상남도를 다스리던 관찰사가 업무를 보던 곳의 정문이지요.

농민들은 홍경래와 같이 나라를 상대로 전쟁을 하지는 않았지만, 자신들의 처지에서 당시의 세금 걷는 문제를 해결하고자 적극적으로 노력하였어요. 결국 조정에서는 농민들의 말을 귀 기울여 듣고 세금과 관련된 법들을 고쳐보려고 조금이나마 노력하게 되었지요.

탐구 활동

조선 후기 백성들을 괴롭힌 자연재해와 탐관오리에 관해 알아봅시다.

조선 후기에는 나라 전체에 잦은 자연재해가 일어났죠. 이 때의 대표적인 자연재해로는 홍수, 가뭄이 있었고 이상기후로 인하여 농사가 잘 되지 않아 굶어죽는 사람들이 많았대요. 또한 콜레라와 장티푸스(괴질), 천연두(두창)와 같은 전염병이 온 나라를 덮쳐 많은 사람들의 목숨을 빼앗아 갔습니다. 특히 콜레라와 장티푸스는 일찍이 우리 땅에는 없었던 질병으로, 중국과 일본에서 이 병이 들어오면서 괴이한 질병이라는 말을 따 '괴질'이라고 불렀지요. 또한 1820년에 찾아온 대홍수와 그 다음해에 유행한 콜레라로 인해 수십 만의 백성들이 목숨을 잃었다고 해요.

자연재해와 전염병 보다 더 백성들을 괴롭힌 것이 바로 탐관오리들이었어요. 탐관오리는 욕심이 많고 깨끗하지 못한 관리라는 뜻을 가진 말입니다. 탐관오리들의 행동에 대해서 알아볼까요?

문제

조선 후기 백성이라 생각하고 탐관오리들을 꾸짖는 글을 써 봅시다.

문제 풀이

1 **성원이는 조선 후기 사회에 대해서 알고 싶어 인터넷 검색창에 '조선 후기 사회'라고 검색해 보았습니다. 다음 검색창의 결과로 볼 수 없는 내용은?**
(　　)

통합검색	조선 후기 사회 ▼	검색

① 새로운 종교 동학이 만들어지다.

② 자연재해와 전염병, 백성들을 덮치다.

③ 탐관오리들로 백성들의 원성이 높아지다.

④ 서양의 종교 천주교, 조선 왕실에서 인정받다.

2 **다음 인물 정보 카드의 빈 칸인 ㉮ ㉯ ㉰를 완성하시오.** (　　)

★ 인물 이름 : (　　㉮　　)

★ 인물이 한 일 : (　㉯　)을 창시하였다.

★ 인물이 만든 종교의 특징

1. 서양의 종교와는 다른 우리만의 종교를 만들고자 하였다.
2. '사람이 곧 하늘'이라 생각하고 인간은 모두 (　㉰　)하다고 생각하였다.
3. 백성들이 바라는 새로운 세상이 꼭 온다고 하였다.

㉮ 정답 : (　　　　　　　　)

㉯ 정답 : (　　　　　　　　)

㉰ 정답 : (　　　　　　　　)

정답과 해설은 117쪽에 있습니다.

5 근대 국가의 수립과 민족의 독립운동

학습내용 : 개항 이후 광복 전까지 근대 국가를 수립하려 했던 노력과 일제의 침략에 맞선 여러 방면의 민족 독립 운동을 사건과 인물을 중심으로 파악한다. 근대 문물의 수용에 따른 일상생활의 변화 양상을 살펴본다.

1. 외세의 침략과 개항
2. 나라구하기 운동과 대한제국의 탄생
3. 일제 강점기의 독립운동
4. 근대 문물의 수용과 사회 변화

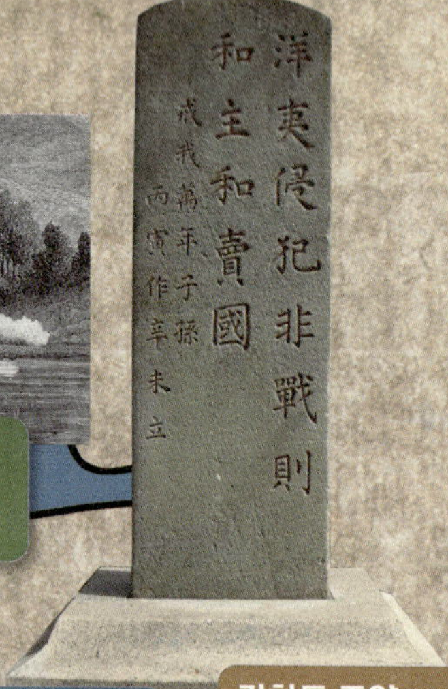

병인양요
1866년
프랑스 함대, 강화도를 침략하다

신미양요
1871년
미국 함대, 강화도를 침략하다

강화도 조약
1876년
일본과 불평등 외교조약을 맺다

동학농민운동
1894년
동학군, 나라를 구하기 위해 일어나다

19세기 들어 조선은 서양의 여러 나라들이 호시탐탐 노리고 있었고 백성들은 어려운 생활을 이어가고 있었답니다. 이러한 시기에 흥선대원군이 나라를 위해 여러 가지 정책을 실시하였지요. 그러나 외국 세력이 우리나라에 들어와 우리 민족은 의병운동 등 나라를 구하기 위한 노력을 펼쳤고, 고종 황제도 나라를 지키기 위해 조선을 대한제국으로 선포하였답니다.

하지만 그러한 노력에도 불구하고 우리나라는 일본의 손아귀에 넘어가고 맙니다. 우리 조상들은 일제강점기에도 불구하고 독립을 꿈꾸며 절대 포기하지 않았어요. 3 · 1운동을 일으키며 전 세계에 우리 국민들의 자주독립 의지를 알리기 위해 노력하였고, 수많은 독립투사들이 나라를 위해 목숨을 바치기도 했답니다. 또한 대한민국 임시정부를 세워 일제에 맞섰습니다.

한편, 근대문물이 들어오면서 사람들의 생활모습도 변하기 시작했어요. 전차, 철도 등의 새로운 교통수단이 들어와 사람들의 생활을 편리하게 만들었고, 기본적인 의식주 생활모습이 변하기 시작했지요. 또한 서양문물이 들어오면서 여성들의 의식도 변화하기 시작했답니다.

1 외세의 침략과 개항

학습내용 : 외세의 침략을 막으려한 노력을 대표적인 사건과 유적지를 중심으로 이해한다.

1 외세 침략의 정문, 강화도

세도정치
조선 후기 특정 가문들이 권력을 모두 가지고 나라의 정치를 마음대로 하던 형태예요.

조선의 마지막 시기, 안으로는 **세도정치***로 생활이 힘들어진 백성들의 저항이 거세어지고, 밖으로는 다른 나라들이 조선을 침략하기 위해 호시탐탐 노리고 있었어요. 이러한 상황을 안타까워한 **흥선대원군**은 약해진 왕의 힘을 강하게 하고 다른 나라의 침략을 막기 위해 여러 가지 정책을 펼쳤습니다.

흥선대원군은 당시 조선의 왕은 아니었지만, 아들인 고종이 어린 나이에 왕위에 올랐기 때문에 왕을 대신하여 나라를 다스리는 일을 도맡아 하게 되었답니다.

나라를 다스리던 흥선대원군은 천주교를 심하게 탄압하였어요. 모든 인간이 평등하다고 주장하는 천주교가 조선 사회를 무너뜨릴 수 있다고 생각했기 때문이죠. 그래서 많은 외국인 선교사들과

더 알아보기

흥선대원군의 정책

흥선대원군은 세도정치의 잘못된 점을 고치고, 세금도 안내고 끼리끼리 모여 파벌을 만드는 등 문제점이 많았던 **서원을 대부분 없애기**로 하였어요. 또한 **양반에게서도 세금을 걷도록** 하여 백성들이 크게 반겼답니다.

그러나 흥선대원군은 **경복궁을 다시 짓기** 위해 백성들에게 무리한 노동을 요구하기도 하였어요. 이처럼 나라의 기강을 튼튼히 하고자 벌인 일이 오히려 백성들의 생활을 어렵게 만들면서 원망을 듣기도 하였습니다.

경복궁 전경

삼랑성(인천 강화)

정족산성이라고도 해요 양헌수 장군이 병인양요 때 프랑스군을 물리친 곳입니다.

선생님 질문있어요

천주교가 왜 조선 사회를 무너뜨린다는 거죠?

조선 사회는 엄격한 신분제 사회였어요. 태어나면서부터 양반, 평민, 노비가 정해지는 조선 사회에서 모든 사람의 평등을 주장하는 천주교가 퍼지면 그러한 사회 질서가 무너질 수 있다고 걱정한 거랍니다.

천주교 신자들이 이때 죽임을 당했답니다.

이처럼 흥선대원군이 천주교를 탄압하고 선교사들을 처형하자 프랑스 군은 이러한 사실을 구실삼아 강화도를 침략해 왔어요. **프랑스 군은 강화도를 공격**하고, **외규장각* 문서들을 훔쳐가는 등** 불법적인 행위를 했답니다. 당시 조선의 양헌수 장군이 이끄는 조선군은 강화도 정족산성에서 프랑스 군을 물리친 전과를 올렸는데, 이를 **병인양요**(1866년)라고 합니다.

또한 병인양요가 있기 전에 미국 상선인 **제너럴 셔먼호**가 대동강에서 무리하게 무역을 요구하다가 분노한 평양 백성들에게 배가 불태워진 일이 있었어요. **미국**은 이를 구실삼아 군함을 보내어 **강화도를 공격**해 왔습니다. 어재연 장군을 비롯한 조선군이 목숨을 걸고 광성보에서 미군에 맞서 싸웠으나 많은 피해를 입었답니다. 이를 **신미양요**(1871년)라고 합니다.

외규장각

강화도에 설치한 왕립도서관으로 중요한 왕실 관련 책들을 많이 보관하고 있었어요.

흥선대원군

광성보(인천 강화)
어재연 장군이 신미양요 때 치열하게 싸운 곳이에요.

초지진(인천 강화)
신미양요 때 미군이 상륙하여 점령한 곳이에요.

② 외국인을 거부하는 척화비를 세워라!

두 번의 외세 침략을 겪고 난 뒤 흥선대원군은 서양에 대한 경계심이 크게 높아졌어요. 이에 흥선대원군은 전국 각지에 **서양과의 화친*을 금지하는 글을 새긴 척화비**를 세워 서양과 교류하지 않겠다는 뜻을 더욱 단호히 하였어요.

화친 나라와 나라 사이에 가까이 지내는 것.

흥선대원군의 이러한 정책은 서양의 침략을 일시적으로는 막아낼 수 있었지만, 조선이 새로운 나라로 발전할 수 있는 기회를 늦추었다는 평가를 받기도 해요. 왜냐하면 그만큼 서양의 발달된 문물을 받아들이는 시기가 늦어졌기 때문이지요.

더 알아보기

척화비 내용

고종 때 흥선대원군이 서양 세력의 침략을 배척하기 위해 전국 각지에 세웠던 비석입니다. 대원군은 1871년 신미양요 이후 미군 함대가 철수하자마자 '서양 오랑캐가 침범하는데 싸우지 않음은 곧 화친하는 것이요, 화친을 주장함은 나라를 파는 것이다.' 라는 내용의 척화비를 각지에 세워 서양 세력과의 교류를 금지하였습니다.

3

일본과 불평등한 강화도 조약을 맺다

흥선대원군이 물러나고 고종이 직접 정치를 하기 시작하자, 몇몇 학자들과 신하들은 고종에게 개화정책*을 받아들여 나라를 발전시켜야 한다고 주장하기 시작했어요. 하지만 그에 못지않게 개화정책을 반대하는 사람들도 많았답니다. 당시에는 주변의 여러 강대국들이 조선을 침략하여 강제로 외교조약을 맺기 위해 노리고 있었기 때문이죠.

그중 가장 먼저 일본이 운요호 사건을 일으키면서 우리나라와 조약을 맺으려고 하였어요. 일본은 군함 운요호를 보내 의도적으로 조선군을 자극하여 전투를 일으키고 돌아갔고, 이 사건을 빌미로 통상조약*을 맺을 것을 요구하였던 거지요.

당시 개항*에 대해 찬성과 반대 의견이 엇갈리던 가운데 조선 정부는 일본의 강압적 요구에 개항을 받아들일 수밖에 없게 되었답니다. 이를 강화도 조약(1876)이라고 해요.

개화정책
다른 나라의 발달된 문물을 받아들여 우리나라의 발전에 활용하려는 정책

통상조약
항구를 열고 두 나라 간에 서로 물건을 사고파는 거래를 허용하도록 하는 외교적 약속

개항
항구를 개방하여 외국 배가 드나들 수 있도록 하는 것

선생님 질문있어요

왜 우리나라는 이렇게 불평등했던 강화도 조약을 맺을 수밖에 없었나요?

서양 문물을 일찍 받아들인 일본이 조선보다 강력한 군사력을 가지고 있었기 때문에 어쩔 수 없는 일이었죠.

강화도 조약 체결 장면(1876년)

연무당(인천 강화) 강화도 조약이 체결된 곳이에요.

강화도 조약을 살펴보면 겉으로는 조선과 일본이 서로 동등한 국가로서 맺은 조약이었지만 실제로는 조선에 불리한 내용이 많이 포함되어 있었어요. 당시 우리나라는 힘이 없어서 그들의 요구 조건을 들어줄 수밖에 없었지요.

하지만 강화도 조약은 우리 정부가 다른 나라와 맺은 최초의 근대적 조약이라는 역사적 의의를 가지고 있답니다.

일본과 강화도 조약을 맺은 뒤, 조선은 미국과도 수호통상조약(1882년)을 맺게 되었어요. 이는 조선과 미국 중 한 나라가 다른 나라의 침략을 받았을 때 서로 돕는 것을 약속하는 조약이었지만 실제로는 일본과 맺은 강화도 조약처럼 불평등 조약이었답니다.

화도진(인천)
한·미수호통상조약이 체결된 곳입니다.

4 동학 농민 운동, 나라를 구하기 위해 일어나다.

강화도 조약 이후 우리나라를 둘러싸고 청나라와 일본이 대립하기 시작하였습니다. 청나라는 우리나라를 속국으로 여기고 간섭하려 하였고, 이에 반해 일본은 청나라로부터 우리나라를 떼어 놓은 후 자신들이 지배하려 하였습니다. 그러던 중 백성들은 관리들의 횡포에 대항하여 동학 농민 운동을 일으켜 나라를 바로잡아 보려 하였습니다.

동학 농민군은 관군을 물리치고, 조직을 만들어 전라도 일대를 스스로 다스릴 정도로 많은 백성들의 지지를 받았습니다.

이에 놀란 조선 정부는 일단 가까운 청나라에 구원병을 요청하게 되었고, 청나라와 일본이 맺은 조약에 따라 일본군도 국내로

선생님 질문있어요

청나라와 일본이 맺은 조약이 뭐예요?(텐진조약)
조선에 어지러운 소란이 일어날 때에 청·일 양국 중에서 어느 한 쪽이 조선에 군대를 파견하면 이를 문서로 알리고, 소란이 마무리되면 무조건 군을 철수하기로 약속한 것.

진입하게 되었어요. 이에 동학 농민군은 외세 침입을 막기 위해 정부로부터 자신들의 요구 조건을 들어줄 것을 약속받고 스스로 해산하였지요.

조선 정부 또한 동학 농민군의 요구를 일부 받아들이고 개혁* 을 하고자 하였지요. 그를 위해 청, 일 양국의 군대에 돌아갈 것을 요청하지만 이는 받아들여지지 않고 **우리나라 안에서 청·일 양국 간에 전쟁**이 일어나게 되었답니다(청일전쟁, 1894년).

개혁
사회질서를 새롭게 고치다.

청일전쟁을 일으킨 일본은 경복궁을 점령하며 조선을 마음대로 다스리려 하였어요. 그러자 동학 농민군은 일본의 침략을 물리치기 위해 다시 일어서게 되었답니다.

이 때는 **전봉준**을 중심으로 하여 다함께 일본에 대항하여 싸울 것을 주장하였어요. 이에 수만 명의 동학 농민군이 모였고 이들은 공주에서 일본군과 대치하게 되었어요. 하지만 농민군은 결국 신식 무기로 무장한 일본군과 관군에 패하게 되었답니다.

동학 혁명군 위령탑(충남 공주)
동학군은 이곳(우금치)에서 신식무기의 일본군과 관군의 연합군에 패하였어요.

탐구 활동

조선의 개항과 개화 정책을 둘러싼 여러 가지 사건을 알아보고, 그 당시 개화 정책에 대한 자신의 의견을 적어봅시다.

강화도 조약으로 조선에 대한 주도권을 일본에게 빼앗겼다고 생각한 청나라는 뒤늦게나마 조선과 무역협정을 체결하였어요. 이후 청나라와 일본은 조선을 두고 끊임없이 주도권 싸움을 펼치게 되지요.

한편 당시 조선에서는 개화정책에 대한 여러 의견이 대립하면서 혼란스러운 정국이었습니다. 이러한 상황과 맞물려 개화 정책에 따라 만들어진 신식군대인 별기군과의 차별 대우에 분노한 구식군대가 폭동을 일으키게 되는데 이를 임오군란(1882년)라고 합니다.

이는 당시 개화정책에 대해 찬반으로 대립하던 조선의 상황을 잘 보여주는 사건이랍니다. 이때 조선에 대한 간섭을 노리고 있던 청나라가 폭동에 놀란 조선 정부의 지원 요청에 군대를 보내 이를 진압하였답니다. 청나라는 이를 통해 일본에게 빼앗긴 조선에 대한 주도권을 다시 잡게 되었지요.

임오군란 이후 청나라의 간섭이 심해지면서 개화에 적극적으로 찬성하던 세력들은 좀처럼 뜻을 펴기 어려웠답니다. 그들은 이러한 상황을 바꾸고자 우정총국(지금의 우체국) 개국 축하잔치를 틈타 정권을 잡으려 계획하였지요. 이들의 이러한 움직임에 일본 세력이 동조하면서 그들의 뜻은 성공하는 듯하였으나, 이는 청나라 군대의 반격으로 3일 만에 실패로 끝나고 말았어요. 이를 갑신정변(1884년)이라고 합니다.

생각해 봅시다

이처럼 당시에는 개화정책을 둘러싸고 찬성과 반대의 입장에 선 사람들 사이에 잦은 다툼이 있었어요. 그리고 개화정책과 관련된 사건에는 항상 외세의 간섭이 있었지요. 개화정책을 반대하던 흥선대원군과 개화정책에 찬성하는 신하의 의견을 들어보고, 개화정책에 대한 여러분의 의견과 그렇게 생각한 까닭을 적어봅시다.

흥선대원군: 저들이 우리에게 개항을 요구하는 것은 단순히 서양의 문물을 받아들이라는 뜻이 아니다. 그것은 결국 저들이 조선을 침략하기 위한 교묘한 술책인 것이다. 어찌 그것을 모른단 말인가! 일단 한 번 개화정책을 실시하게 되면 외세를 받아들일 수밖에 없게 되고, 그렇게 되면 결국엔 우리나라가 외세의 손에 넘어가게 되는 것을 지켜볼 수밖에 없게 될 것이다. 그러므로 개항을 하는 것은 절대 용납할 수 없다!

신하: 하지만 개화정책은 세계의 모든 나라들이 받아들이고 있는 어쩔 수 없는 시대적 사명이옵니다. 조선이 개항을 하여 다른 나라의 문물을 받아들이지 않고 혼자서만 살겠다고 억지를 부린다면, 조선은 더 이상 발전을 하지 못하고 강성한 국가가 될 수 없사옵니다. 그렇게 된다면 결국엔 다른 나라의 침략을 이겨낼 수 있는 힘을 기르지 못하게 될 것입니다.

의견

....

....

까닭

....

....

문제 풀이

1 **준표는 흥선대원군에 대해서 알고 싶어 검색창에 '흥선대원군'이라고 검색해 보았다. 다음 인터넷 검색창의 결과로 볼 수 없는 내용은?**

통합검색	흥선대원군 ▼	검색

① 일본의 명성황후 시해사건으로 러시아 공사관으로 피하다!

② 경복궁 중건으로 백성들의 원성이 높아져...

③ 서양을 배척하는 척화비 세워...

④ 9명의 프랑스 선교사와 수많은 천주교도 처형!

2 **㉠~㉤ 사건이 일어난 시대 순으로 옳게 배열한 것은?**

㉠ 운요호 사건 / ㉡ 신미양요 / ㉢ 강화도 조약 / ㉣ 동학 농민 운동 / ㉤ 병인양요

① ㉡ - ㉤ - ㉠ - ㉢ - ㉣
② ㉡ - ㉤ - ㉢ - ㉠ - ㉣
③ ㉤ - ㉡ - ㉢ - ㉠ - ㉣
④ ㉤ - ㉡ - ㉠ - ㉢ - ㉣

정답과 해설은 117쪽에 있습니다.

2 나라 구하기 운동과 대한제국의 탄생

학습내용 : 의병과 독립협회 및 대한제국의 구국을 위한 노력을 인물의 활동을 중심으로 파악한다.

1 내 목을 자를지언정 머리는 자를 수 없다!

시해
부모나 임금을 죽이는 것

만행
야만스러운 행위

상투
성인남자가 머리카락을 정수리 쪽으로 끌어올려 틀어 감은 머리형태였어요. 예전부터 지속되어온 우리나라 성인남자의 전통적인 머리형태입니다.

청나라와의 전쟁에서 승리한 일본군은 조선을 지배하는데 그동안 방해가 되었던 **명성황후를 무참히 시해*하는 만행***을 저질렀어요(**을미사변, 1895**). 게다가 일본은 당시 양반들에게 목숨과도 같았던 상투*를 강제로 자르도록 하는 **단발령**을 시행하기도 하였지요. 이러한 일본의 침략적 행동에 조선 사람들은 위기에 빠진 나라를 구하기 위해 직접 행동하게 되었어요. 그래서 전국 각지에서 의병들이 일어나 일본에 맞서 싸웠습니다.

당시 최익현과 유인석 등의 유생들은 단발령에 반발하며 "내 목을 자를지언정 내 머리는 자를 수 없다"고 주장하였어요. 당시 부모가 물려준 머리카락을 자른다는 것은 부모에 대한 불효라고 생각하였기 때문이죠.

이렇게 들고 일어난 의병들 중 유인석이 주도한 의병군은 한때 충주성을 점령할 정도로 그 기세가 강력하였어요. 처음 의병을 일으킨 사람들은 주로 유학을 공부하던 유생 출신들이 대부분이었습니다. 그들은 바른 것을 지키고 사악한 것을 멀리한다는 생각에서 일어났습니다.

유인석

최익현

② 나라를 지키기 위해 평민들도 일어서다

1905년 일본이 조선의 외교권을 강제로 빼앗자(을사늑약) 다시 의병 운동이 일어나게 되었어요. 이때, 유생*인 최익현이 조직한 의병 부대는 1천명이 넘는 규모로 성장하기도 하였어요.

유생 유학을 공부하는 선비

한편, 이 때는 양반, 유학자뿐만 아니라 신돌석 등과 같은 평민 의병장이 활약하기 시작하였어요. 특히, 태백산 호랑이라 불려졌던 신돌석은 경상도 지역을 중심으로 3천여 명의 의병을 이끌고 일본군과 전투를 벌여 승리를 하였답니다. 이처럼 평민 의병장 신돌석의 활약은 당시 일반 농민들에게 일본에 대항하도록 하는 의식을 키워주는데 중요한 역할을 하였지요.

신돌석

이후 가장 큰 규모의 의병운동이 일어나게 된 계기는 1907년 일본이 고종 황제를 강제로 왕위에서 물러나게 하고, 우리나라 군대를 해산시킨 사건이었어요. 군대 해산 이후 군인들이 의병 운동에 참여하면서 전투력이 강화되고 조직적인 활동을 펼칠 수 있게 된 것이죠.

신돌석이 태어난 집(경북 영덕)

3

안중근 의사, 침략의 원흉을 쏘다

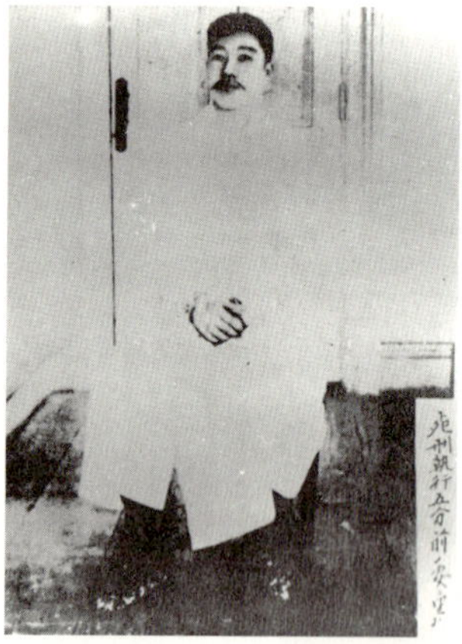

안중근 의사
이토 히로부미를 쏜 후 순국 직전의 모습

국내외에서 의병장으로 활약하던 **안중근**은 우리나라 침략에 앞장섰던 이토 히로부미가 만주에 온다는 소식을 듣고 그를 처단할 계획을 세웠어요. 그는 **1909년 만주 하얼빈 역에서 이토 히로부미를 향해 3발의 총탄을 명중시켜 사살**한 후 체포되어 중국 뤼순 감옥에서 순국하였습니다.

죽음을 두려워하지 않고 처형 직전까지 대한 독립을 외쳤던 안중근 의사의 행동은 우리 민족의 독립 의지를 잘 보여 주는 것입니다.

안중근 동상(서울 안중근기념관)

더 알아보기

안중근 의사의 유언

내가 한국 독립을 회복하고 동양 평화를 유지하기 위하여
3년 동안을 해외에서 풍찬노숙* 하다가 마침내 그 목적을 달성하지
못하고 이곳에서 죽노니 각각 스스로 분발하여 학문에 힘쓰고
실업을 증진하며 나의 끼친 뜻을 이어 자주독립을 회복하면
죽는 여한이 없겠노라.

-안중근-

풍찬노숙
바람을 먹고 이슬에 잠잔다는 뜻으로 떠돌아 다니며 고생한다는 의미입니다.

4 서재필, 독립협회를 이끌다

서재필

나라가 위태롭던 때 미국에 망명해 있던 서재필이 귀국하였습니다. 그는 나라의 독립을 지키려면 교육을 통해 국민들을 깨우치는 것이 매우 중요하다고 여겼어요. 그리하여 독립신문을 만들어 일반 백성들도 신문을 통해 여러 가지 사실을 알 수 있도록 하는 데 힘썼습니다.

서재필은 독립신문을 통해 당시 서양세력이 조선에게서 여러 가지를 빼앗아가고 있다는 것을 널리 알렸습니다. 또 이를 막기 위해서는 국민들 스스로 많이 배우고 나라를 지키기 위한 힘을 기를 수 있도록 노력해야 한다고 주장하였어요.

이후 그는 독립협회를 만들고 조선이 독립 국가임을 널리 알리기 위해 독립문도 세웠습니다. 또한 독립협회의 활동을 통해 당시 다른 나라들의 우리나라에 대한 경제적 약탈을 막으려 하였지요.

독립협회의 활동은 사회의 각계각층이 폭넓게 참여한 본격적인 시민운동이었어요. 또한 조선의 근대화를 위한 자주적, 자발적 운동이었다는 점에서 그 의의가 있습니다.

더 알아보기

영은문과 독립문

조선 시대 중국 사신을 맞이하던 영은문을 헐고 독립문을 세웠습니다. 독립문은 프랑스 파리의 개선문을 본따서 만들었습니다.

영은문

현재의 독립문(서울 서대문)

5

새로운 나라를 꿈꾼 고종 황제의 대한 제국

공사관
외교관들이 다른 나라에서 머무르며 일하는 곳.

고종
양복을 입은 신식 복장을 하고 있는 모습으로 고종의 근대화에 대한 개혁 의지를 보여주고 있어요.

고종은 러시아 공사관*에 있다가 경운궁(지금의 덕수궁)으로 돌아온 후 나라의 혼란을 수습하고 힘을 키우고자 노력하였답니다. 그는 이를 위해 환구단에서 하늘에 제사를 지내고, 나라 이름을 **'대한 제국'이라 칭하며 스스로 황제의 자리에 올랐어요.** 고종 황제는 이러한 대한 제국 선포를 통해 나라의 권위를 높이고자 했습니다.

고종 황제는 개혁의 기본방향을 황제권의 강화에 두면서도 경제, 사회 발전을 위해 여러 가지 정책을 펼쳤어요. 고종은 근대화를 이루기 위해선 교육이 중요하다고 생각하여 **근대적 교육체계를 마련**하였답니다. 외교적으로는 간도와 독도 등을 우리 영토로 지키기 위해 여러모로 노력하기도 하였어요.

더 알아보기

고종 황제의 즉위, 환(원)구단!

환구단은 하늘의 아들(天子)이 하늘에 제사를 지내는 단으로, 당시에는 중국 황제만이 세울 수 있는 단이었습니다. 고종은 환구단을 세우고 황제 즉위식을 거행하여 대한제국이 중국과 동등한 국가임을 국내외에 선언하였습니다.

하지만 대한 제국은 얼마가지 못해 큰 위기를 맞게 되었답니다. 일본이 1905년에 고종 황제의 거부에도 불구하고 일방적으로 **을사늑약(1905년)을 맺어 우리나라의 외교권*을 빼앗은 것**이지요. 이에 우리 민족은 일본의 강제적 침략을 비난하는 을사늑약 반대 운동을 여러 곳에서 활발히 전개하였답니다.

고종 황제는 을사늑약이 일본에 의해 강압적으로 이뤄졌기 때문에 무효라고 주장했어요. 또한, 대한 제국이 독립국가임을 국제 사회에 알리기 위해 **만국 평화회의*가 열리는 네덜란드 헤이그에 특사 3인을 파견**하였으나, 일본의 방해로 그만 실패로 돌아가고 맙니다.

이후 일본은 외교권에 이어 **사법권*과 경찰권*마저 빼앗고 친일파를 앞세워 우리의 국권을 강제로 빼앗았어요(1910년)**. 이로써 대한 제국은 역사 속으로 사라지게 되었고, 우리 민족은 나라를 빼앗긴 채 일제의 잔혹한 식민통치를 받게 되었답니다.

외교권
국가가 다른 나라와 외교를 할 수 있는 권리. 이때 다른 나라의 간섭을 받지 않아야 자주 국가라고 할 수 있어요.

만국 평화회의
세계 평화를 논의하기 위해 개최된 국제 회의

사법권
법을 지키도록 재판할 수 있는 권리

경찰권
사회질서유지를 위해 경찰을 두고 국민들을 통치할 수 있는 권리

헤이그 특사 3인
왼쪽부터 이준, 이상설, 이위종. 이들은 네덜란드 헤이그에서 열린 만국 평화의회에 파견되었으나 참석에 실패하였어요.

을사조약 체결지인 덕수궁 중명전(서울 중구)

탐구 활동

일본으로부터 조선의 국권을 회복하려는 당시 백성들의 노력에 대해 알아보고, 자신이 당시의 우리나라 백성이었다면 어떤 노력을 했을지 생각해봅시다.

일본은 당시 조선에게 경제적 피해를 입혀서 조선을 자신의 속국으로 만들려는 속셈을 가지고 있었답니다. 그래서 조선으로 하여금 강제로 돈을 빌리도록 하였지요. 하지만 일본은 조선에게 빌려준 돈을 자기들 마음대로 침략을 위해서 쓰고, 조선 내에 거주하는 일본인들을 위해서 사용하는 잘못을 저질렀어요. 그러면서도 자신들이 빌려준 돈이니 갚아야 한다고 억지를 부렸답니다. 이러한 빚이 점차 늘어나자 조선 정부로서는 이를 갚는 것이 거의 불가능하게 되었으며 일본의 경제적 속국이 될 수밖에 없는 상황이었지요.

하지만 조선의 백성들은 이를 스스로의 힘으로 갚아 국권을 회복하려고 노력하였어요. 이를 국채 보상 운동(1907년)이라고 합니다. 이 운동은 대구에서 조직한 국채 보상 기성회를 중심으로 시작되어 황성신문, 대한매일신보, 제국신문 등 여러 신문을 통해 전국으로 퍼져나갔습니다.

이 운동에는 부녀자나 어린이 할 것 없이 각계각층의 사람들이 참여하였어요. 남자들은 담배를 끊고 부녀자들은 생활비를 절약하는 한편, 자신들이 소중히 간직하고 있던 귀금속을 팔아 성금을 모았답니다. 이러한 운동은 비록 일본의 방해로 실패하였지만 우리 민족의 자주성을 보여준 사건이었어요.

우리나라는 1997년 IMF 사건이 있던 때에도 경제적으로 위기에 처한 나라를 위해 많은 국민들이 스스로 금 모으기 운동을 벌여서 전 세계를 놀라게 하기도 하였답니다. 이때에도 국채보상운동과 마찬가지로 집에서 소중히 간직하고 있던 귀금속들을 가지고 나와 아무런 댓가없이 팔아서 나라의 경제를 살리기 위한 노력을 하였던 것이지요.

이처럼 우리나라 국민들은 나라가 위기에 처했을 때 누가 시키지 않아도 나라를 위해 스스로 나서는 훌륭한 모습을 보여왔답니다.

국채보상운동 여성기념비

국채보상운동 공원(서상돈 · 김광제)

여러분들이 이처럼 일본의 침략을 받던 시기에 조선의 국민이었다면 나라를 위해 어떤 노력을 할 수 있을지 적어봅시다.

문제 풀이

1 **밑줄 그은 부분에 해당하는 사실로 옳은 것은?**

> 고종은 러시아 공사관에서 경운궁(덕수궁)으로 돌아와 새로운 국가의 모습을 갖추기 위해 노력하였다.

① 경복궁을 중건하였다.

② 독립협회를 설립하였다.

③ 서원을 철폐하였다.

④ 국호를 대한 제국이라 하였다.

2 **(가) 시기 구국 민족 운동에 대한 역사적 사실로 옳은 것은?**

① 전봉준의 동학농민 운동

② 양헌수 장군의 프랑스군 격파

③ 신돌석 평민의병장의 활약

④ 안중근 의사의 이토 히로부미 처단

정답과 해설은 117쪽에 있습니다.

3 일제 강점기의 독립 운동

학습내용 : 주요 인물 이야기를 통해 3 · 1 운동과 대한민국 임시정부, 독립군의 전투 등 일제강점기에 국내외에서 전개된 민족 독립 운동을 탐구한다.

① 태극기 휘날리며 3·1 운동을 이끈 유관순

헌병경찰
일제가 우리나라를 지배하기 사람들을 억압하기 위해 실시한 경찰제도

일본이 우리나라를 자신들의 식민지로 만들고 헌병 경찰*을 이용하여 억압하자, 한국인들 사이에서 일본에 대항하려는 움직임이 퍼져나갔어요. 민족지도자들을 중심으로 독립운동을 위해 움직이기 시작했답니다. 그리고 손병희, 이승훈, 한용운 등 종교계 지도자들을 중심으로 한 민족대표 33인은 독립선언서를 채택하였어요. 그들은 마침내 1919년 3월 1일 한자리에 모여 독립선언서를 낭독하고, 독립운동을 시작하였어요.

유관순 사당 영정

그후 탑골공원에 모여 있던 학생들을 중심으로 만세시위가 벌어졌답니다. 3·1 운동은 서울에서 시작하여 순식간에 전국의 여러 도시로 퍼져나갔어요. 3·1 운동은 평화적인 만세시위 운동이였지만 일본 경찰들은 총칼을 앞세워 이를 무자비하게 탄압하였어요. 특히, 일본 경찰들은 화성 제암리교회 안으로 사람들을 몰아넣고 총을 쏜 뒤에 불을 지르는 만행*을 저지르기도 했답니다.

3·1 운동 과정에서 가장 대표적인 사람은 유관순이었어요. 그녀는 학생으로 3·1 운동에 가담하여 서울에서도 만세운동에도 참여했답니다. 학생들이 만세운동에 적극적으로 참여하자 일본은 중학교 이상의 모든 학교에 대한 강제휴교령을 내렸어요.

만행
야만스러운 행위

이에 유관순은 고향인 충남 병천으로 내려갔습니다. 그는 이 곳에서 3000여 군중에게 태극기를 나누어주며 시위를 이끌었습니다. 시위 과정에서 부모님이 모두 일본군에 의해 죽임을 당하기도 하였지만, 그녀는 끝까지 일본군에 대항해 싸웠어요. 결국 일본군에 의해 체포되어 온갖 고문을 당한 후 서대문 형무소 감옥에서 어린 나이로 순국*하게 되었답니다.

아우내 장터(충남 천안)
유관순 열사가 시위를 벌린 장소예요.

이처럼 3·1 운동은 나라를 빼앗긴 우리 민족에게 독립의지를 심어주는 큰 역할을 하였고, 우리 민족의 독립의지를 전 세계에 널리 알리는 계기가 되었습니다. 또한, 3·1 운동을 계기로 대한민국 임시정부가 수립되기도 했답니다.

순국 나라를 위하여 목숨을 바침.

2 봉오동과 청산리 전투의 승리자 홍범도와 김좌진

3·1 운동이 실패로 돌아가자 무력으로 일제와 싸우려는 사람들은 국외인 만주와 연해주로 옮겨가기 시작했어요. 많은 사람들이 평화적인 만세운동으로는 독립을 할 수 없다고 판단하였고, 국내에서의 독립운동은 일본의 철저한 감시 때문에 힘들어졌기 때문이죠.

국외로 간 독립운동가들은 그 곳에서 독립군 기지를 건설하고 학교를 세워 군사를 양성했으며 독립군 부대를 조직하였습니다.

봉오동 저수지(중국 왕청현)
봉오동 전투가 일어난 곳에 위치한 저수지예요.

김좌진 장군

그 중에서 **홍범도 장군**과 **김좌진 장군**이 이끄는 독립군 부대가 크게 활약하였어요. 홍범도의 독립군을 토벌하기 위해 일본군은 독립군이 있는 **만주 봉오동**으로 쳐들어 왔어요. 이에 홍범도는 일본군을 봉오동 골짜기 깊숙이 유인하여 격파함으로써 대승을 거두었답니다(1920년).

하지만 **봉오동 전투**에서의 승리는 시작에 불과했어요. 일본은 봉오동 전투에서의 패배를 만회하고 독립군을 완전히 없애기 위해 더 많은 수의 병력을 보냈답니다. 이때 김좌진 장군이 이끄는 독립군은 여러 독립군 부대와 연합하여 일본군에 막대한 타격을 입혔지요. 이 전투가 바로 **우리 민족 독립운동의 가장 큰 승리**라고 할 수 있는 **청산리 전투**입니다.

청산리 항일대첩기념비(중국 화룡현)

청산리 전투에서 우리 독립군의 수는 일본군에 비해 매우 적었답니다. 그럼에도 불구하고 승리할 수 있었던 것은 우리 독립군의 뛰어난 전술과 우리 동포들의 헌신적인 도움이 있었기 때문에 가능했어요.

더 알아보기

홍범도

홍범도는 을사조약 체결당시 당시 평민의병장으로 활약했고, 그 뒤로도 국내에서 의병장으로서 많은 활동을 벌였어요. 하지만 일본의 탄압으로 더 이상 국내에서 활동하기 어려워지자 연해주로 피신해 독립운동을 할 기회를 찾고 있었지요. 그러던 중 국내에서 3·1운동이 일어나자 홍범도는 이제야 말로 독립전쟁을 벌일 수 있는 좋은 기회가 왔다고 생각하고 독립군을 모집하여 국내로 진입할 계획을 세웠어요.

③ 내 몸 바쳐 일본침략자를 응징한 윤봉길, 이봉창 의사

독립군의 활약뿐만 아니라 여러 애국지사들의 의거*도 이어졌어요. 그중 가장 대표적인 사건이 **이봉창**과 **윤봉길 의사**의 의거입니다. 이봉창 의사는 상하이의 임시정부에서 김구를 만난 뒤 나라를 위해 자신의 목숨을 바치기로 결심했어요.

윤봉길

이봉창

일본의 도쿄로 건너간 이봉창 의사는 1932년 우리나라 **침략의 원흉인 일본 국왕을 없애기 위해 도쿄에서 폭탄을 던졌지만** 실패하였습니다. 하지만 이봉창 의사의 이러한 용기있는 행동과 독립정신은 전 세계를 놀라게 하기에 충분했어요.

이봉창 의사의 의거가 있은 후 윤봉길 의사의 의거도 이어졌어요. 그는 "대장부가 집을 떠나 뜻을 이루기 전에는 살아서 돌아오지 않는다"는 말을 남기고 집을 떠나 중국 상해로 갔어요.

윤봉길 의사는 일본군의 전쟁 승리 기념식장에 높은 사람들이 많이 참석한다는 사실을 알게 됐어요. 이에 자신의 의지를 행동에 옮기기로 한 윤봉길 의사는 중국 상하이 홍커우 공원에서 열린 **일본군의 기념식장에 폭탄을 던져 일본군 총사령관을 비롯한 일본의 주요 인물들이 죽거나 다치게 만들었답니다(1932년).**

의거
정의를 위하여 의로운 일을 하는 것

선생님 질문있어요

의사와 열사의 차이는 무엇인가요?

일반적으로 열사는 '맨몸으로 저항하여 자신의 의지와 지조를 나타내는 사람', 의사는 '무력으로 항거하여 의롭게 죽은 사람'을 나타낸답니다. 대표적으로 유관순은 열사, 안중근, 윤봉길 등은 의사로 불리우고 있지요.

④

대한민국 임시정부가 수립되다

3·1 운동을 계기로 민족 지도자들은 독립운동을 위하여 통합된 정부가 있어야 한다고 생각하였어요. 주인 잃은 나라를 대신할 기관을 만들기 위한 것이지요. 이에 흩어져 있던 정부 기구를 통합하여 **상하이**에 **대한민국 임시정부**를 세우게 되었어요(1919년).

이때 임시정부의 초대 대통령으로 임명된 사람이 **이승만**입니다.

이렇게 만들어진 임시정부는 이후 **독립운동의 중심기지 역할**을 하게 되었어요. 국내외를 연결하여 연락을 담당하기도 하였고, 독립운동에 필요한 돈을 마련하고자 노력하기도 하였답니다. 대통령이 된 이승만은 다른 나라와의 외교를 통한 독립을 주장하였어요.

선생님 질문있어요

임시정부의 이승만 초대 대통령도 지금처럼 투표로 뽑힌 건가요?

당시는 지금처럼 국민들이 투표로 뽑을 수 있는 상황이 아니었기 때문에, 민족 지도자들의 추천으로 이루어졌습니다.

대한민국 임시정부 요인 모형(독립기념관)

이승만은 다른 나라에 임시정부 외교 위원부를 설치하고 독립 요구서를 제출하기도 했으나 받아들여지지 않았답니다. 이는 당시 우리나라가 힘이 없었기 때문이에요.

이후 임시정부는 지도자들 간의 갈등으로 인해 힘든 시기를 겪기도 했어요. 하지만 이후 상하이에서 충칭으로 거처를 옮긴 대한민국 임시정부는 **김구**를 중심으로 하여 새로운 시기를 맞이하게 되었죠.

이때 김구는 **한국광복군**을 **창설(1940년)**하여 국내로 무장 훈련된 독립군을 진입시키려고 시도하기도 하였어요. 이처럼 임시정부는 나라의 **독립을 위해 헌신적인 노력**을 아끼지 않았습니다. 또한 우리 역사상 최초로 **삼권분립*에 기초한 민주공화제 정부**로서 오늘날 대한민국의 역사적 정통성으로 인정하는 기관입니다.

삼권분립
국가를 다스리는 힘을 입법 · 사법 · 행정의 세 곳으로 나누어 균형을 이루도록 하는 제도

한국 광복군 총사령부 성립 기념(1940년)

탐구 활동

3 · 1운동 이외에 일제강점기 우리나라 학생들의 독립운동에 대해 알아보고, 당시의 학생들에게 편지를 적어봅시다.

3 · 1 운동과 국외에서의 독립군 활동에 대한 일본의 무자비한 탄압이 이어지고, 대한민국 임시정부는 내부에서 지도자들 간의 갈등으로 혼란에 빠지면서 독립운동이 매우 어려워지고 있었어요. 하지만 일본이 우리 국민들을 억압하고 악행을 저지름에 따라 국민들의 독립의지는 높아져만 갔답니다. 그러던 무렵 학생들과 독립운동 단체들의 주도로 시위운동을 전개하려는 움직임이 생기기 시작하였어요. 제 2의 3 · 1운동을 계획한 것이지요.

이들은 조선의 마지막 왕이었던 순종의 장례식 날을 계기로 전국적인 만세운동을 벌이기로 계획하였답니다. 이들이 시작한 만세운동은 전국의 학교로 확산되면서 식민지 교육제도를 없애고 조선인을 위한 교육을 요구하였어요. 이를 '6 · 10 만세운동'이라고 합니다(1926년).

'6 · 10만세운동' 이후 일본에 대한 반감이 더욱 커져가던 무렵, 전라도 광주에서 일본인 학생과 조선인 학생들 간의 충돌이 일어나게 되었어요. 이에 일본 경찰이 조선인 학생들만을 감옥에 가두고 처벌하자 학생들이 참지 못하고 들고 일어났답니다. 이에 시민들까지 합세하며 시위의 규모가 전국적으로 확대되었고, 국외에 있는 교민들에게 까지 전해져 시위 운동이 대규모 확산되었어요. 이를 '광주 학생 항일 운동'이라 합니다(1929년).

이러한 시위는 비록 일제의 탄압으로 실패하였지만, 일본에 우리 국민의 자주성과 독립 의지를 알려준 중요한 계기가 되었습니다.

이처럼 당시의 학생들은 나라를 위해 용기 있는 행동을 하는 것에 있어서 머뭇거림이 없었답니다. 이러한 당시의 학생들에게 나라를 사랑하는 마음을 담아서 편지를 적어봅시다.

광주 학생 독립운동 기념탑(광주)

문제 풀이

1 (가)에 들어갈 내용으로 알맞은 것은?(　　)

〈3 · 1운동〉
1) 원인 : 일제의 가혹한 식민통치
2) 주요 활동 인물 : 손병희, 유관순
3) 경과 : 서울에서 시작하여 전국으로 만세 시위 확산
4) 영향 : (가)

① 의병 운동 전개
② 독립 협회 설립
③ 조선 총독부 설치
④ 대한민국 임시정부 수립

2 밑줄 그은 '나'에 해당하는 인물로 옳은 것은?(　　)

나는 서울로 올라와 육군무관학교에 입학하였다. 이후 서북학회를 세우고 산하의 교육기관으로 오성학교를 설립해 교감을 역임하였다. 대한광복단에 가담해 격렬한 항일투쟁을 전개하였다. 만주로 건너가 3 · 1독립선언에 전주곡이 되는 무오독립선언서에 39명 민족지도자의 한 사람으로 서명하였다. 북로군정서 소속 총사령관이 되어 독립군 편성에 주력하였고, 이것이 바탕이 되어 청산리 대첩을 이끌었다.

① 김좌진

② 홍범도

③ 안중근

④ 윤봉길

정답과 해설은 115쪽에 있습니다.

4 근대 문물의 수용과 사회 변화

학습내용 : 구체적인 사례를 통해 근대 문물 수용 이후 사회와 문화의 변화 양상과 달라진 일상 생활의 모습을 조사한다.

1 사람들의 생활 모습이 달라지기 시작했어요

일본과의 강화도 조약 이후 조선은 서양의 여러 나라와 조약을 맺고 발달된 문물을 본격적으로 받아들이기 시작했어요. 다양한 서양 문물이 들어오면서 이에 따라 사람들의 생활 모습도 변하기 시작했답니다.

먼저 식생활에서는 궁중과 고위 관리층을 중심으로 서양 음식이 유행하기도 했어요. 이때 커피, 빵, 케이크, 과자 등이 들어왔답니다. 그리고 짜장면, 찐빵과 같은 중국 음식과 어묵, 단무지와 같은 일본 음식도 들어왔어요. 이와 함께 식사 예절 또한 바뀌어 '독상'이라 하여 혼자서 상을 받는 전통 음식문화 예절에서 벗어나 둘이서 먹는 '겸상' 또는 여럿이 한 상에 먹는 '두레상'*이 점차 보급되어 갔습니다.

두레상
둥근 상에 준비한 음식을 모두 올리고 여러 사람이 둘러 앉아 먹도록 차리는 상차림. 예전에는 전통적인 유교문화에 따라 집안의 가장은 따로 독상을 받아서 먹었음.

의복문화에도 커다란 변화가 일어났어요. 상류층을 중심으로 양복을 입고 양말과 구두를 신는 것이 유행처럼 번졌고, 여성들은 서양 옷과 비슷하게 만든 개

장옷

마고자
개화기부터 오늘날에 이르기까지 저고리 위에 덧입는 웃옷이에요.

량 한복을 입기도 하였습니다. 이에 따라 여성이 외출할 때 얼굴을 가리고 다니던 장옷은 점차 사라져갔어요. 한편, 일반 백성들 사이에서는 **마고자, 조끼** 등이 일반적으로 사용되었답니다.

주거 공간도 변화하기 시작하였습니다. 우리나라 양반의 전통적 집 구조는 남성의 공간인 사랑채와 여성의 공간인 안채로 구분되었고, 신분에 따라 집의 크기도 제한되어 있었지만 세상이 바뀌면서 이러한 것들도 사라졌어요. 경제적 능력만 되면 누구라도 큰 집을 지을 수 있게 되었습니다.

개항기 인천의 외국인 별장

외국인들이 많이 살기 시작하면서 인천 등 항구를 중심으로 **일본식 주택**과 **서양식 주택**도 많이 늘어났습니다.

이 밖에도 많은 서양 물건들이 들어오기 시작했어요. 양복뿐만 아니라 **양은, 양말, 양동이, 양잿물** 등과 같이 바다를 건너 서양에서 왔다는 뜻의 '양(洋)'이 붙는 서양 상품들이 많아졌습니다. 그리고 **염색약, 회충약, 석유, 성냥, 남포등*** 등이 들어오면서 사람들의 생활 모습에 많은 변화가 생겨났답니다.

남포등
남포라는 것은 램프(Lamp)에서 나온 말인데 기존의 등잔불보다 훨씬 밝기 때문에 그 자리를 대신하게 되었답니다.

남포등

염색약은 의복의 색깔을 바꾸었고, 회충약은 사람들이 질병에서 벗어날 수 있도록 도왔어요. 특히, 성냥과 같은 물건은 마치 요술을 부리듯 불이 켜지는 모습에 사람들이 굉장히 신기해하기도 하였지요.

2 생활을 편리하게 만들어준 서양의 근대 시설

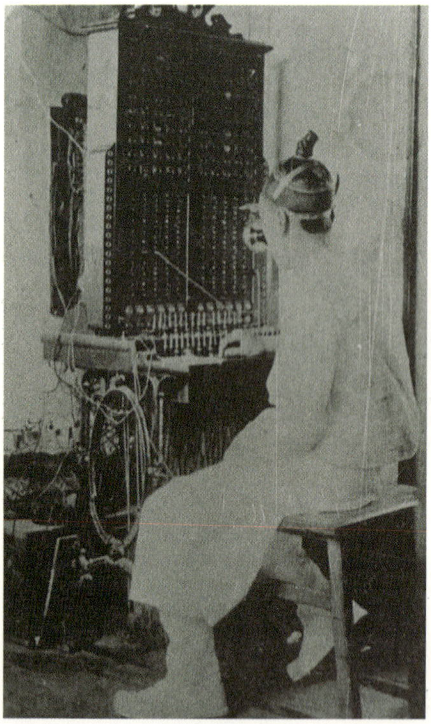

전화교환수

서양 과학 기술에 대한 관심이 높아지면서 각 분야에 많은 근대 시설이 도입되기 시작했어요. **경복궁에서 최초로 전기시설**이 들어와 **전등**을 설치하고 불을 밝히기 시작했습니다. 이어 궁중용으로 **전화**도 처음 설치되고, 서울과 인천 사이에 **전신**이 개통되었답니다. 이로써 사람들은 밤에도 밝게 생활할 수 있었고 며칠씩 걸리던 소식도 바로 알릴 수 있게 되었어요.

특히, 개항 이후에는 **자명종**과 같은 **서양의 시계**가 본격적으로 들어오기 시작했어요. 이미 우리나라에도 해시계, 물시계 등이 있었으나 서양의 시계는 더욱 정확한 시간을 알려 주었습니다. 당시 시계는 매우 귀한 물건으로 호주머니에 넣고 다닐 수 있는 회중시계였답니다. 시계가 없는 사람들은 마을 중앙이나 관공서에 높이 걸린 시계를 통해 정확한 시간을 확인할 수 있게 되었어요.

더 알아보기

광혜원

우리나라 최초의 서양식 의료기관으로 1885년에 미국인 선교사 알렌에 의해 세워졌어요. 알렌이 1884년에 우리나라에 와서 부상 당한 고위관료 민영익을 치료하게 되고 그후 청나라 병사들을 치료하다가 궁중의 의사로 발탁되었지요. 그뒤 그가 고종에게 건의하여 1885년 세운 것이 광혜원입니다. 후에 제중원으로 이름이 바뀌었어요.

연세대학교 구내에 복원한 것이에요.

그리하여 사람들은 지금처럼 정확한 시간 약속을 할 수 있었고, 서로 편한 생활을 즐길 수 있었답니다.

또한 교통의 발달로 경인선, 경부선 등의 철도가 개통되고 전차가 시내에 다니기 시작했어요. 기차는 정해진 시각에 정확히 출발하고 도착했기 때문에 사람들은 기차를 타기 위해 시간을 잘 지켜야 했답니다. 그리고 먼 거리를 빨리 갈 수 있어 생활에 큰 도움이 되었지요. 이 때부터 우리나라 사람들은 시간과 공간의 개념을 깨닫기 시작하였죠.

도시에는 한옥을 대신하여 서양식 건축물과 주택이 세워지기 시작하였어요. 기독교를 믿게 하기 위한 서양식의 성당과 덕수궁 석조전이 대표적인 건물로서 지금까지도 잘 보존되어 있답니다.

한편, 개화기 선교사들도 우리나라의 발전을 위해 노력했어요. 교육을 중요시 하여 여러 곳에 근대 학교를 설립하였고 서양의 발전된 의료기술을 보급하기 위해 병원 등을 설립하기도 하였답니다.

선생님 질문있어요

이렇게 발달된 문물을 왜 빨리 받아들이지 않고 반대했던건가요?

이러한 근대시설들이 들어와서 좋은 점만 있었던 것은 아니에요. 외국 사람들은 이러한 것들을 조건 없이 전파해 준 것이 아니라 우리나라의 여러 이권을 챙겨가기 위해 소개시켜 준 거에요. 예를 들면 철도가 설치된 것도 우리나라의 풍부한 지하자원을 강탈해 가거나 우리나라를 군사기지로 삼기위한 계략이었던 것이랍니다.

덕수궁 석조전(서울 중구)
덕수궁 안에 지어진 최초의 서양식 석조 건물이에요.

명동 성당(서울 중구)
우리나라 유일의 순수한 고딕 양식의 건물이에요.

③ 일제강점기에 바뀐 생활 모습

화신백화점

일제의 지배 아래 우리나라는 많은 것들을 빼앗겼습니다. 국내에 거주하는 일본인은 일본 정부의 보호와 지원 아래 잘살게 되었습니다. 반면, 한국인들은 힘든 생활을 하는 사람이 많았습니다. 특히, 먹고살기 위해 농촌에서 큰 도시로 온 노동자들은 가난하고 궁핍한 생활을 하며 집 없이 여기저기 떠돌아 다녔답니다.

남대문 부근(1930년대)

새로운 도시들이 생겨나면서 도시 인구는 빠르게 증가했어요. 이러한 도시들은 항구나 철도 교통의 중심지에 위치하여 **버스, 자동차, 자전거** 등이 생겨나기 시작했답니다. **전등**과 **가로등**은 도시의 야경을 바꾸었고 **관청, 은행, 백화점** 등의 **근대적인 건축물**은 도시의 모습을 변화시켰지요.

이 시절 한국인들은 서울의 종로와 같이 일본인이 모여살던 곳에서 떨어져서 살았답니다. 지금으로 말하면 청계천 남쪽의 일본인 거리는 남촌으로, 청계천 북쪽의 한국인 거리는 북촌으로 불리었답니다.

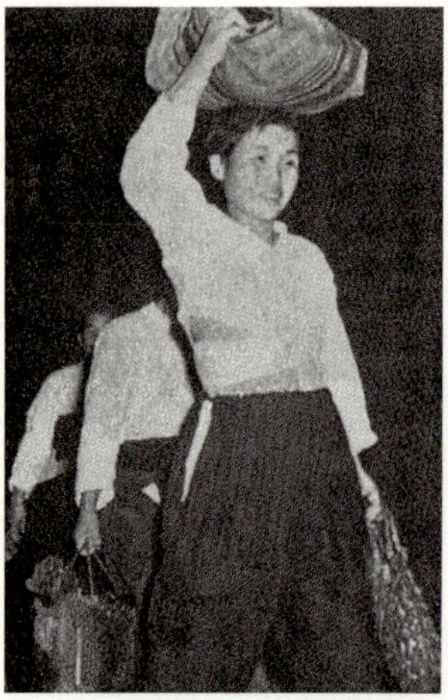

활동하기 좋은 옷인
몸빼(일바지)를 입은 여성.

의복 생활에서도 변화는 뚜렷하게 나타났어요. 대도시의 직장인을 중심으로 **양복**을 입는 사람이 늘어났으며 행동하기에 불편한 한복은 점차 사용이 줄어들었답니다. 특히, 여성의 경우 활동하기 쉬운 **몸빼(일바지)**라는 옷을 착용하기로 하였습니다.

식 생활에서도 큰 변화가 나타나 일본인과 중국인들의 음식이 점차 소개되기 시작했어요. **빵, 아이스크림, 과자** 등이 일반인들에게 소개되었던 것도 이 때입니다.

한편, 도시에 인구가 많이 몰리면서 새로운 주택 형태가 나타나기 시작했어요. 이 때 집에 유리, 벽돌과 같은 **근대적인 건축 재료**가 **사용**되기도 하였고, **2층 주택**도 생기기 시작했답니다. 하지만 농촌의 농민들과 도시의 서민들은 여전히 초가집이나 구식 기와집을 짓고 사는 경우가 대부분이었어요. 특히, 농촌 경제의 변화로 갑작스럽게 도시로 올라온 사람들은 정식 집이 아닌 **토막집**에서 가난하게 사는 사람들이 많았답니다.

혼마치(本町) : 일본인거리(현재의 명동거리)

토막집

4 일제강점기 여성의 변화

서양의 새로운 문물이 들어오면서 가장 많이 바뀐 것은 여성들이었어요. 전통적 유교 사회에서 차별 받던 **여성의 지위가 변화**하고, 여성의 사회적 역할에 대해서도 새로운 생각이 생겨나기 시작한 것입니다. 이처럼 서양의 문물뿐만 아니라 서양 사람들의 사고방식도 같이 전파되면서 여성의 사회적 지위를 높이려는 노력이 일어났습니다.

대한제국 시기부터 여학교가 생겨나고 **신교육을 받은 여성**들이 유명해지면서 이러한 여성들을 **'신여성'**이라고 부르기 시작했어요. 이들은 그동안 조선 사회에서 여성들이 차별받던 것들을 비판하면서 여성의 해방을 주장했답니다. 또한, 여성도 국민의 일원이라는 인식이 확산되면서 국민의 절반인 여성의 역할이 더욱 강조되었습니다.

『신여성』
여성들의 교양이나 계몽을 위해 창간된 잡지.

탐구 활동

근대 문물의 하나인 전차와 철도에 대해서 당시의 어린이들이 쓴 일기의 내용을 읽고, 철도에 대한 자신의 생각을 적어봅시다.

1898년 10월 19일 날씨 : 맑음

내가 살고 있는 서울에 전차가 다니기 시작한다. 어른들이 하신 말씀을 들어보니 철도 위에 철로 된 말이 달리는데 전차라고 부른다고 했다. 그리고 그 전차를 타면 멀리 떨어져 있는 곳도 금방 도착한다고 했다. 옛날에는 마차를 타고 가거나 걸어가야 했고, 시간이 오래 걸렸는데 이제 새로 전차가 생겨서 너무 편해졌다고 좋아 하신다. 나도 그 전차를 꼭 한 번 타보고 싶다.

1899년 6월 25일 날씨: 흐림

오늘은 너무 끔찍한 장면을 봤다. 전차가 철길을 건너던 다섯 살짜리 어린이를 미처 피하지 못하고 치어 죽였다. 그러고도 전차는 멈추지 않고 그냥 지나가려고 했다. 이를 지켜보던 다른 사람들이 분노해 모두 다 같이 전차에 달려들어 돌을 던져 파괴해 버리고 불을 질러버렸다. 전차가 사람들의 생활을 편하게 해주는 줄 알았는데 너무 위험한 것 같다.

1901년 11월 1일 날씨: 맑음

오늘은 일년 동안 농사지어 추수한 우리 집 곡식들을 서울로 가져가기로 한 날이다. 부모님이 옛날에는 마차로 옮겨야 했는데 기차가 생겨서 많은 양을 한 번에 옮길 수 있게 되었다고 하셨다. 이렇게 철도가 생기고 전차가 다니면서 다양한 물자를 한 번에 쉽게 나를 수 있게 되어서 정말 좋아진 것 같다.

1932년 3월 12일 날씨: 흐림

내가 살고 있는 곳은 옛날부터 석탄이 많이 나는 곳이다. 그런데 일본 놈들이 그 석탄을 모두 약탈해 가기 시작했다. 석탄을 가져가서 전쟁에 쓰려고 하는 것이라고 부모님이 말씀해주셨다. 그런데 석탄은 무거운데 그걸 어떻게 가져가는지 알아보니 철길이 생겨서 쉽게 운반할 수 있다고 한다. 일본 놈들은 처음부터 우리나라에서 이런 것들을 빼앗아가려고 철길을 만든 것이 틀림 없다.

나의 생각

문제 풀이

1 개항 이후 달라진 생활모습이 아닌 것은?(　　)

① 커피, 빵, 케이크 등 다양한 외국의 음식이 들어왔다.

② 식사 문화가 겸상이나 두레상에서 혼자 상을 받아먹는 독상의 형태로 바뀌었다.

③ 양은, 양말, 양동이 같은 양(洋)으로 시작하는 물건들이 들어왔다.

④ 전차, 전화, 전기, 철도 등 서양의 발달된 문물이 들어와 사람들의 생활이 편리해졌다.

2 일제강점기에 달라진 생활 모습에 해당되지 않는 것은?(　　)

① 여성의 경우 단발을 하거나 치마에 뾰족 구두를 신는 경우도 있었다.

② 서울에서 한국인들과 일본인들은 서로 협조하면서 대개 같은 곳에 모여 살았다.

③ 급격한 농촌 경제의 변화로 농촌에서 올라온 돈 없는 사람들은 토막집을 짓고 살기도 하였다.

④ 새로운 도시가 생기고 이곳에 인구가 몰리면서 새로운 주택 형태가 나타나 근대적 건축 재료가 사용되었다.

세브란스 병원과 그 주변

한국 최초의 현대식 병원인 제중원(광혜원)이 후에 세브란스 병원으로 이름을 바꾸었습니다.

정답과 해설은 118쪽에 있습니다.

6 대한민국의 발전과 오늘의 우리

학습내용 : 8·15 광복에서 현재까지 분단과 전쟁 등 시련을 극복하면서 오늘의 대한민국을 건설해 온 과정을 시각 자료를 통해 확인한다. 국민들의 끊임없는 노력으로 민주화와 경제 발전, 문화 성장이 가능하였음을 이해하고, 이를 긍지로 삼아 대한민국의 발전을 위해 노력하는 자세를 갖는다.

1. 8 · 15 광복과 대한민국의 성립
2. 6 · 25 전쟁과 그 영향
3. 민주주의의 성장
4. 경제 성장과 사회 변화
5. 우리의 미래와 평화 통일

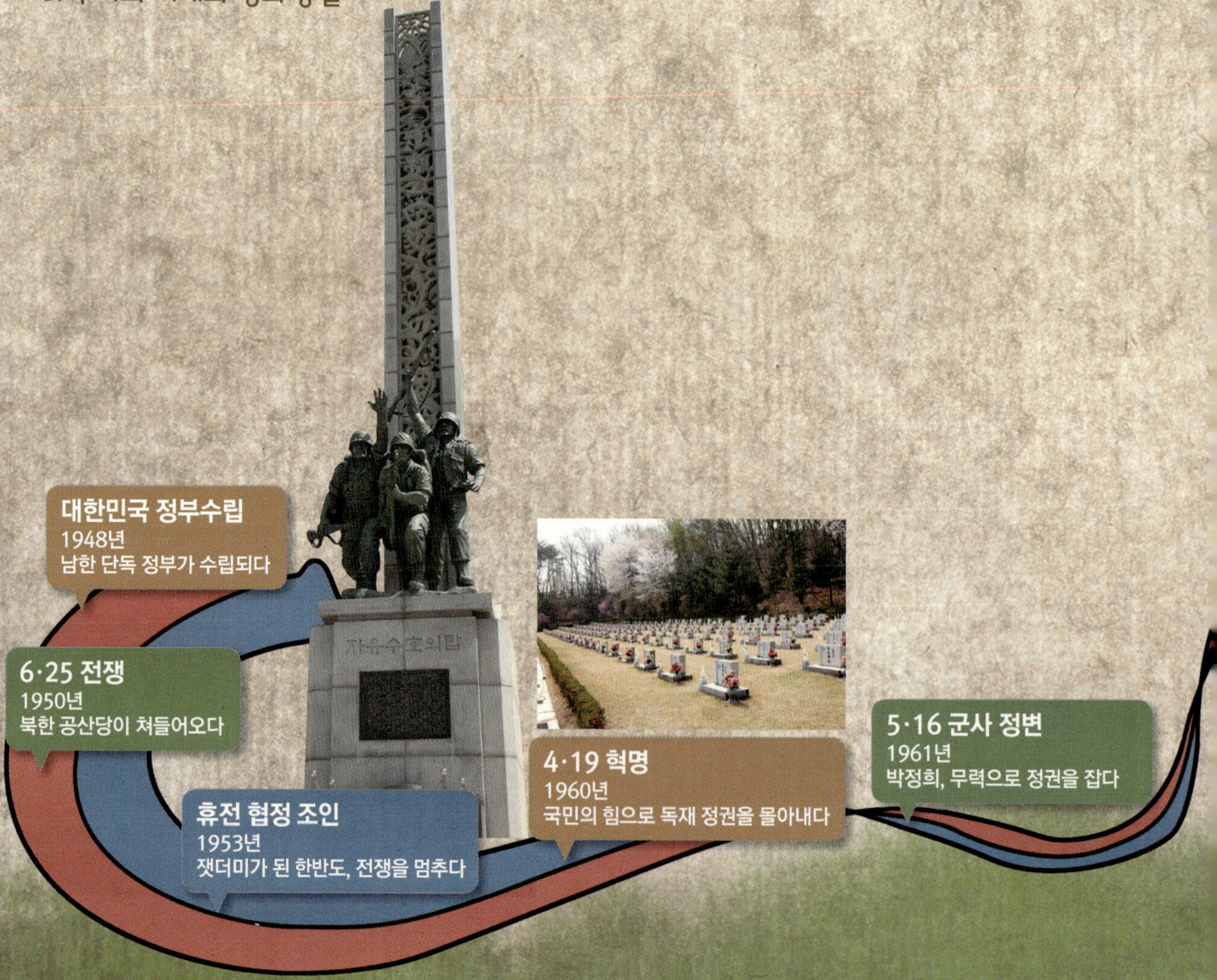

1945년 8월 15일, 우리 민족은 드디어 광복을 맞이하였어요. 그러나 광복 3년 후 1948년 남한에서는 자유민주주의 체제의 이승만 정부가, 북한에서는 소련의 도움을 받은 공산주의 체제의 김일성 정부가 들어섰어요.

이후 북한은 남한을 공산화하기 위하여 6·25전쟁을 일으켰답니다. 이 전쟁으로 수많은 사람들이 죽거나 다쳤으며 나라는 잿더미가 되었지요. 휴전 이후 전쟁은 멈추어졌지만 우리나라는 분단국가가 되고 말았어요.

한편, 이승만 대통령과 자유당은 정권을 계속 잡으려고 부정선거를 저질렀으나 국민들의 힘을 모은 4·19혁명에 의해 무너지고 민주주의가 실현되었습니다. 그러나 이후 나라가 혼란스럽던 상황에서 5·16군사정변을 거쳐 박정희가 대통령이 되었고, 경제개발 5개년 계획을 통해 경제를 발전시켰어요. 새로운 군인 세력에 의해 다시 우리의 민주주의는 시련을 겪었답니다. 그러나 1987년 온 국민이 일어선 6월 민주항쟁에 의해 다시 우리 민족은 민주주의를 성취하고 지금에 이르고 있습니다.

한편, 우리나라는 농촌 근대화 운동인 새마을 운동을 시작으로 '한강의 기적'이라 불리는 놀라운 경제 성장을 이루어 지금에 이르고 있습니다. 이제 우리는 원조를 받는 국가에서 어려운 나라에 원조를 주는 나라로 바뀌고 세계 10위권의 경제력을 가졌습니다. 그러나 우리나라는 아직 세계에서 유일하게 분단국가로 남아 있습니다. 남과 북이 머리를 맞대고 통일을 이루는 것이 가장 큰 과제라 할 수 있습니다.

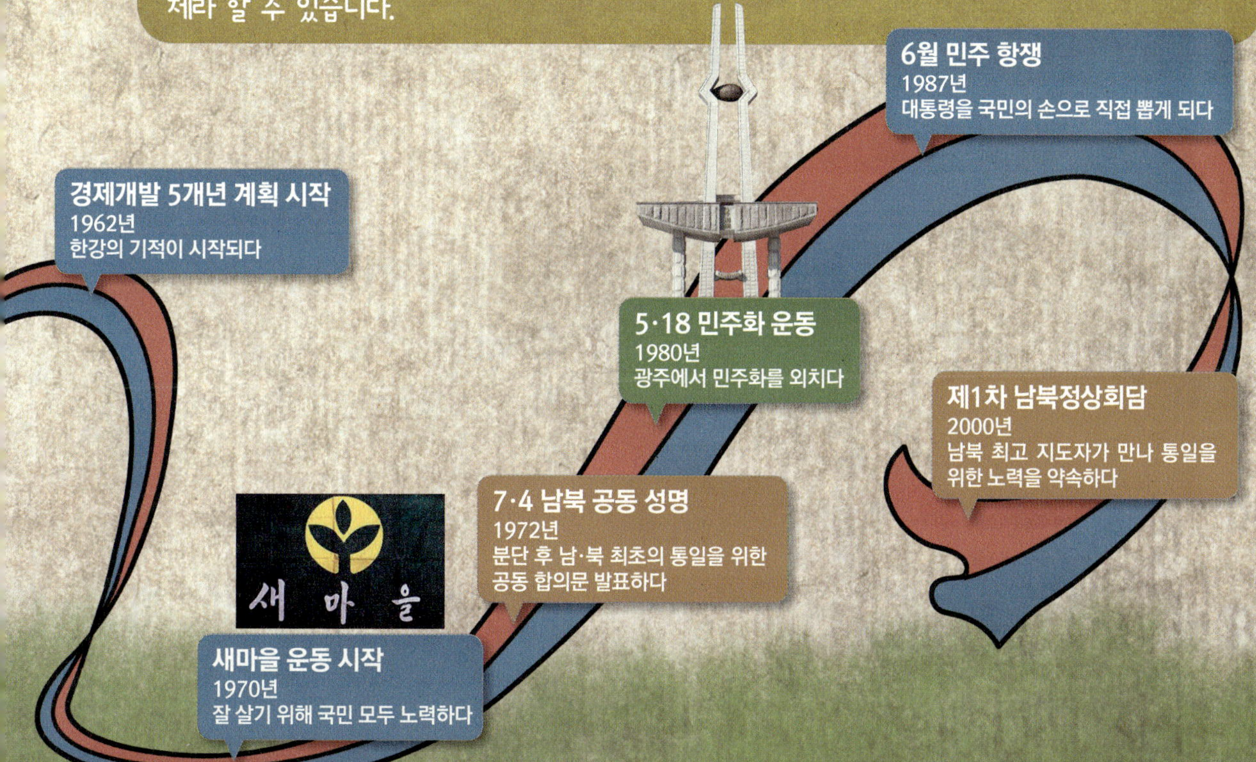

1 8·15 광복과 대한민국의 성립

학습내용 : 인물의 활동을 중심으로 광복에서 대한민국 정부 수립까지의 과정을 파악한다.

1 광복의 기쁨이 채 가시기도 전에 나라가 갈라지다

1945년 8월 15일, 제 2차 세계대전이 미국, 소련 등 연합국의 승리로 끝나자, **우리 민족은 광복을 맞이하였어요.** 광복은 일본이 미국으로부터 원자폭탄을 맞고 항복을 선언한 것이 직접적인 이유였지만, 그 동안 우리 민족이 온갖 희생을 무릅쓰고 일제에 대항하여 꾸준히 전개해 왔던 독립운동의 결실입니다.

광복이 되자 국내에 있던 민족지도자들이 독립 국가의 건설을 준비하였어요. 외국에서 독립운동을 하던 대한민국 임시정부 사람들과 애국지사들도 귀국하여 국가 건설을 위해 노력하였지요.

8·15광복

광복 후 38도선을 경계로 **남쪽에는 미군**이 **북쪽에는 소련군**이 각각 머무르기로 정해졌어요. 미국군은 38도선 남쪽 지역에 자신들이 통치하는 기구(미 군정)를 수립하였습니다. 하지만 미군은 우리나라의 실정을 정확히 파악하는 데 어려움이 있었어요. 또한 정부를 세우기 위한 우리나라 국내 정치인들 간의 갈등으로 나라 상황이 혼란스러웠어요.

그런 가운데 1945년 12월, **소련 모스크바에서 미국, 영국, 소련의 외무 장관들이 모여 회의**를 하였어요. 세 나라는 우리나라가 혼자 힘으로는 온전한 국가를 세울 수 없다고 생각하였습니다. 그래서 최고 5년 동안 미국과 소련이 공동으로 한국을 대신 다스린다는 **신탁통치**를 결정하였어요. 광복 후 당연히 독립 국가가 될 것으로 알았던 우리 민족에게 이 소식은 믿기 어려운 것이었어요. 이에 전국적으로 신탁통치를 하지 말라는 '반탁운동'을 전개하였어요.

신탁통치 반대 시위

그러나 공산주의자들은 처음에는 '반탁운동'을 하다가 소련의 지시에 따라 태도를 바꾸어 신탁통치를 지지하였어요. 여기서부터 38도선을 기준으로 남쪽과 북쪽이 의견 차이를 보이기 시작하고 서로 대립하기 시작하게 됩니다.

2 드디어 대한민국이 탄생하다

정부 수립에 관해 남과 북의 의견이 일치를 보지 못하자 미국은 이 문제를 국제연합(UN)*의 결정에 맡겼습니다. 유엔에서는 남북한 총선거를 실시하도록 하였어요. 그러나 소련이 반대하자 할 수 없이 유엔은 선거가 가능한 38도선 이남 지역에서만이라도 총선거를 실시하여 정부를 세울 것을 결정하였어요.

국제연합
국제 평화와 안전보장을 목적으로 결성된 국제 기관.

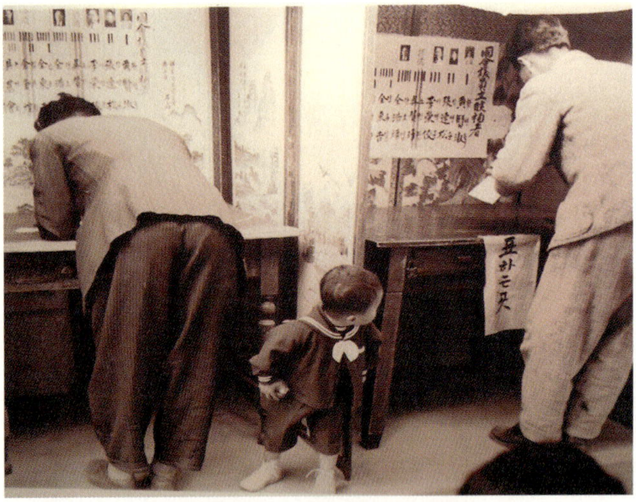

5.10총선거에 투표하는 유권자들

대한민국 정부 수립(1948년)

제헌의회
헌법을 처음 만든 우리 나라 최초의 의회

한편, 통일 정부를 열망한 김구, 김규식 등은 남한만의 선거를 반대하고 남북의 정치 지도자들이 한 자리에 만나서 통일 문제를 의논하자고 제안했어요. 그래서 1948년 4월, 평양에서 남과 북이 모여 회의를 하였으나 성과를 거두지 못한 채 끝났습니다.

결국 당초 유엔이 결정했던 대로 **1948년 5월 10일, 남한에서만 총선거가 실시**되었어요. 이는 민주주의 선거의 4대 원칙인 보통·평등·비밀·직접을 실현한 **우리나라 최초의 민주 선거**였답니다. 이 선거에 의해 제헌의회*가 열리고 이후 초대 대통령으로 **이승만**이 선출되었습니다. 이승만 대통령은 1948년 8월 15일에 민주공화국을 표방한 대한민국 정부의 수립을 국내외에 선포하였어요.

구 국회의사당(서울 중구)
8·15광복 후 국회를 열어 초대 이승만대통령을 선출한 곳이에요. 현재는 서울시 의회 건물로 사용하고 있어요.

탐구 활동

다음 자료는 광복 후 단독 정부 수립 과정에서 있었던 당시 정치지도자의 연설의 일부입니다.

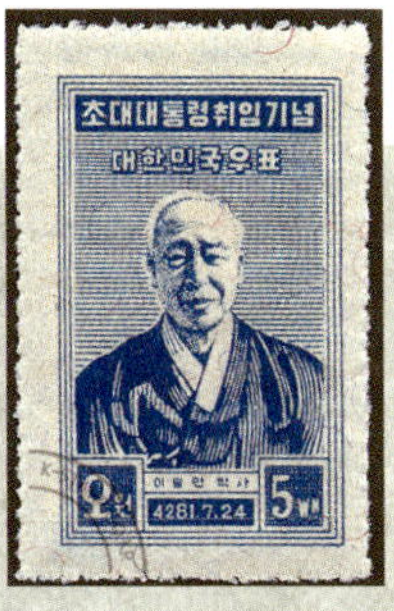

"이제 우리는 무기 휴회된 미·소공동위원회가 재개될 기색도 보이지 않으며 통일 정부를 고대하나 여의케 되지 않으니 우리 남한만이라도 임시정부 혹은 위원회 같은 것을 조직하여 38선 이북에서 소련이 철퇴하도록 세계 공론에 호소하여야 될 것이니 여러분도 결심하여야 될 것이다." (이승만)

3천만 자매 형제여! 한국이 있어야 한국 사람이 있고 한국 사람이 있고야 민주주의도 공산주의도 무슨 단체도 있을 수 있는 것이다. … 마음 속의 38선이 무너지고야 땅 위의 38선도 철폐될 수 있다. 내가 불초하나 일생을 독립운동에 희생하였다. 나의 연령이 이제 73세인 바 나에게 남은 것은 금일 금일하는 여생이 있을 뿐이다. 이제 새삼스럽게 재물을 탐낼 것이냐? 더구나 외국 군정 하에 있는 정권을 탐낼 것이냐?... 현실에 있어서 나의 유일한 염원은 3천만 동포와 손을 잡고 통일 된 조국의 달성을 위하여 공동 분투하는 것뿐이다. 이 몸을 조국이 필요로 한다면 당장에라도 제단에 바치겠다. 나는 통일 된 조국을 건설하려다 38선을 베고 쓰러질지언정 일신의 구차한 안일을 위하여 단독정부를 세우는 데는 협력하지 아니하겠다. (김구)

두 연설문을 읽어보고 '남한만의 단독 정부 수립'에 찬성하는 입장과 반대하는 입장 중에서 한 가지를 선택하여 자신의 의견과 그렇게 생각한 이유에 대해 적어 봅시다.

문제 풀이

1 **유엔(UN)의 남한만의 선거를 반대한 인물은?(　　)**

① 이승만

② 여운형

③ 김구

④ 신채호

2 **1948년 8월 대한민국 정부 수립까지의 역사적 사건을 시대순으로 바르게 나열한 것은?(　　)**

① 광복 – 모스크바 삼국 외상 회의– 신탁통치 반대운동 – 5 · 10총선거

② 신탁통치 반대운동 – 광복 – 모스크바 삼국 외상 회의 – 신탁통치 반대운동

③ 광복 – 모스크바 삼국 외상 회의 – 5 · 10총선거 – 신탁통치 반대운동

④ 광복 – 5 · 10총선거 – 신탁통치 반대운동 – 모스크바 삼국 외상 회의

정답과 해설은 118쪽에 있습니다.

2 6·25 전쟁과 그 영향

학습내용 : 시각 자료와 유물을 통해 6·25 전쟁의 원인과 과정 및 피해상을 살펴보고, 대한민국에 미친 영향을 탐구한다.

1 북한 공산당이 쳐들어오다

미국과 소련은 남한과 북한에 정부가 생기자 주둔하고 있던 자기 나라 군대를 철수시켰어요. 그러나 북한은 몰래 소련과 중국의 지원을 받아 한반도 전체를 공산주의 국가로 만들려는 목표를 세우고 있었지요.

결국 **1950년 6월 25일** 새벽 4시 경, 예고도 없이 **북한 공산당**은 소련에서 지원받은 무기를 앞세워 **38도선을 넘어 전쟁을 일으켰답니다.** 북한군은 소련의 최신 무기를 바탕으로 강력한 군사력을 가지고 있었으나, 남한은 전쟁을 예상하지 못해 무기가 빈약하고 병력도 적어 북한군에게 계속적으로 밀렸습니다.

특히, 전차를 가진 북한군을 막기에는 역부족이어서 국군은 한강 다리를 끊고 이들의 공격을 저지하기도 했답니다. 처음 막강한 군사력으로 전쟁 3일만에 서울을 빼앗은 북한군은 계속 밀고 내려왔고 국군은 낙동강까지 물러서는 위기에 처했어요. 정부는 부산에 임시 정부를 두고 북한군의 침략에 맞섰습니다.

선생님 질문있어요

남한은 왜 북한에 비해 군사력이 많이 약했나요?

미국은 소련과 대결을 피하기 위해 남한에 최소한의 무기만을 지원해 주었어요. 북한이 소련의 도움을 받아 전쟁 준비를 한 것을 미처 예상하지 못했던 거지요.

서울에 들어온 북한 인민군

2 밀고 밀리는 전선…휴전으로 끝내다

6·25전쟁이 일어나자 미국은 즉시 북한의 공격은 명백한 '침략 행위'라고 선언하고, 유엔 회원국들에게 한국에 군사적 도움을 제공할 것을 요청했어요. 그러자 유엔에서는 미국의 **맥아더 장군**을 총사령관에 임명하고 16개국으로 이루어진 **국제연합(UN)군**을 한국으로 보냈답니다.

국군은 유엔군의 참전과 **인천 상륙 작전**을 계기로 반격을 시작하여 3개월만에 서울을 되찾고 북한 지역까지 진격하기에 이르렀어요. 국군과 유엔군은 압록강까지 진격하여 통일을 눈앞에 두는 듯했으나, 이때 엄청난 수의 **중국군이 북한을 도와**

인천 상륙 작전 기념관의 자유수호의 탑(인천)

국제연합(UN)			
그리스	남아프리카 공화국	네덜란드	뉴질랜드
룩셈부르크	벨기에	터키	미국
영국	에티오피아	필리핀	태국
프랑스	콜롬비아	캐나다	호주

우리나라를 도와 준 참전 16개국

전쟁에 참전한 중국군

휴전 협정에 서명하는 유엔군과 북한군 대표

전쟁으로 폐허가 된 수도 서울

전쟁 고아

전쟁에 참여하였습니다.

그러자 국군과 유엔군은 다시 물러날 수밖에 없었어요. 이후부터 38선 부근에서 밀고 밀리는 전투가 오랫동안 계속되었답니다. 3년 간의 전쟁으로 남과 북 모두 엄청난 피해를 입고 1953년 7월 결국 휴전을 하였어요.

우리 국민은 통일을 위해 휴전에 반대했지만 북한측과 유엔군 대표가 승인하였죠. 그리고 이 상태는 오늘날까지 이어지고 있어요. 결국 지금 우리는 휴전상태이기 때문에 언제 다시 전쟁이 일어날지 모르는 상황에서 살고 있는 것입니다.

3 한반도가 갈갈이 찢겨지고 잿더미가 되다

6·25전쟁은 대한민국의 민주주의와 자유를 위협하고, 같은 민족끼리 총을 겨눈 비극적인 사건이었어요. 계속된 전쟁으로 남과 북 모두 엄청난 피해를 입었고, 지금까지 갈라져 있답니다. 전쟁

이산가족
남북 분단 따위의 사정으로 이리저리 흩어져서 서로 소식을 모르는 가족

동안 **남북한을 합해 약 300만 명의 사람들이 죽었고, 수많은 이산 가족*과 전쟁 고아가 발생**하였습니다. 특히, 한반도에서의 공산 세력을 막기 위해 우리를 도와 전쟁에 참여한 미군을 비롯한 유엔군도 많은 사람이 희생되었습니다.

또한 남한 공장의 40%와 북한 공장의 60%, 농토의 80%가 파괴되었어요. 또 전쟁 후 국토의 대부분이 잿더미가 되면서 농사짓기가 어려워져 식량 부족이 극심하였어요. 공장은 크게 줄어들어 도시에는 일거리를 찾아 헤매는 실업자들이 넘쳐 흘렀고, 그들은 거리를 전전하며 생활할 수밖에 없었답니다.

이후 남과 북은 이산 가족의 만남을 위해 힘을 기울였으나 전쟁이 끝나고 60년이 지난 지금까지 만나지 못한 사람들이 많답니다. 또한, 전쟁에서 상처를 입은 군인들이 제대로 일을 하지 못해 살아가는 데 힘이 들었으며, 전쟁 중 가족이 목숨을 잃은 경우가 허다했습니다. 그러나 무엇보다도 중요한 것은 전쟁 이후 남과 북은 서로를 믿지 못하는 상태가 되었다는 것입니다.

DMZ박물관(강원 고성)
DMZ는 무장이 금지된 완충지대라는 뜻으로 6·25전쟁 휴전협정에 의해 설치된 곳으로 세계에서 분단국은 우리나라밖에 없어요.

더 알아보기

전쟁이 남긴 가장 큰 슬픔, 이산가족!

남북 이산 가족 상봉은 1985년 '남북 이산 가족 고향방문단 및 예술공연단'을 통해 첫 번째로 이루어졌어요. 이후 2000년 6 · 15 남북 정상회담 결과 발표된 '6 · 15 남북 공동선언'에서 이산 가족 문제를 빠르게 해결하기로 합의했고, 8월 역사적인 제1차 이산 가족 방문단 교환이 성사되었어요.

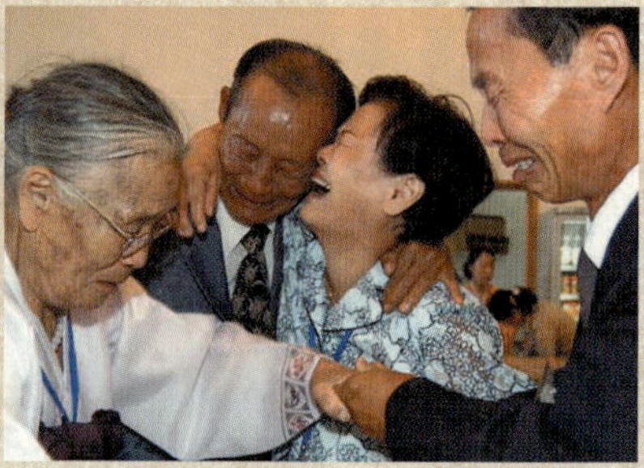

탐구 활동

다음은 6·25전쟁 당시 초등학생이었던 두 학생이 쓴 일기의 내용입니다. 이 일기를 읽어보고 당시의 어린이들에게 편지를 써 봅시다.

1. 1950년 6월 27일 날씨: 흐림

엊그제 새벽 잠을 자고있는데 갑자기 하늘에서 번개가 치는 것처럼 큰소리가 들리고 이어서 총소리가 들려오기 시작했다. 어머니가 나를 다급하게 깨우더니 빨리 짐을 챙겨서 떠날 준비를 하라는 것이다. 서둘러 짐을 챙겨서 어머니와 함께 나와보니 길거리에 많은 사람들이 비명을 지르며 어디론가 도망치고 있었다. 아버지는 어디가셨냐고 물어보니 전쟁이 일어나서 총을 들고 싸우러 나가셨다고 말씀하셨다. 나는 어머니 손을 꼭 잡고 뒤에는 보자기를 둘러메었다. 어머니께서는 무조건 남쪽으로 도망쳐야 한다고 하셨다. 한참을 달려가고 있는데 좁은 골목길에서 많은 사람들이 뒤엉키는 바람에 어머니 손을 놓치고 말았다. 사람들 틈바구니 속에서 저만치 밀려난 어머니께서는 최대한 빨리 서울을 벗어나 고모댁에서 만나자고 소리치셨다. 이틀동안 죽기살기로 뛰어와 고모댁에 도착했지만 집에는 아무도 없었다. 어머니와 만나기로 약속한 장소에서 어머니를 기다리고 있지만 어머니는 오시지 않는다...

-13세 김철수-

2. 1950년 12월 12일 날씨: 비

오늘은 하루종일 비가 내린다. 피난길에 오른지 벌써 반년 가까이 되어간다. 언제까지 이런 것을 반복해야 하는지 막막하다. 어머니께서는 어떻게든 먹을 것을 구해보려고 노력하셨지만 오늘도 역시 아무것도 얻지 못했다. 벌써 3일째 굶고 있다. 나는 이렇게 굶더라도 상관없지만 전쟁터에 나간 우리 오빠는 살아있기나 한 건지 너무 걱정된다. 우리 오빠지만 이제 겨우 16살인데 그 무서운 총을 들고 싸워야 한다고 생각하니 눈물이 난다.. 어머니는 서울에 두고 온 외할머니 생각에 하루도 편히 잠들지 못하고 걱정하신다. 외할머니는 살아계실까...

-13세 김영희-

문제 풀이

1 **다음은 6·25전쟁의 전개 과정을 나타낸 사진들이다. 사건이 일어난 순서대로 옳게 나열한 것은?(   )**

(가) 중국군 참전

(나) 인천 상륙 작전

(다) 서울 탈환

① (가) – (나) – (다)　　② (나) – (가) – (다)

③ (나) – (다) – (가)　　④ (다) – (나) – (가)

2 **6·25전쟁의 전개 과정에 대한 설명 중 옳지 않은 것은?(   )**

① 전쟁 초기에는 남한의 절대적인 열세로 3일만에 서울이 함락 당했다.

② 낙동강까지 퇴각하여 물러난 남한은 부산에 임시정부를 설치하였다.

③ 6 · 25전쟁이 일어나자 미국을 주축으로 유엔회원국들이 전쟁에 참여하였다.

④ 유엔군과 국군이 압록강까지 진격하자 소련군이 북한을 도와 전쟁에 참여하였다.

정답과 해설은 118쪽에 있습니다.

3 민주주의의 성장

학습내용 : 주요 사건에 대한 시각 자료를 중심으로 국민들의 자유민주주의를 위한 노력을 이해한다.

1 4·19혁명과 5·16 군사정변

6·25전쟁 후 **자유당 정권**은 이승만을 대통령으로 계속 유지하기 위해 **부정 선거**를 저질렀어요. 이들은 1960년 3월 15일 대통령 선거에서 부정한 방법으로 국민들을 속이고 계속해서 정권을 잡으려고 하였지요. 그러자 이에 분노한 학생들과 국민들이 들고 일어났어요.

이승만 정부는 시위대를 폭력으로 강제 진압하였어요. 이 과정에서 한 고등학생이 사망하는 사건이 발생하였고, 경찰이 시위대에 총을 쏘는 극한 상황까지 일어났답니다.

사퇴 말은 일을 그만두고 물러섬.

이 소식이 전해지자 국민들은 더욱 분노하였고, 부정과 독재에 강력하게 반대하며 대통령의 사퇴*를 요구하였습니다. 결국 이승만 대통령은 스스로 물러나게 되었어요. **국민들이 자발적으로 민주주의를 수호하기 위해 들고 일어난 이 사건을 4·19혁명**이라고 합니다.

4·19혁명 이후 이화장으로 떠나는 이승만 대통령

대학 교수단 시위

5·16군사정변
가운데가 박정희 장군이에요

자유당 정권이 무너지자 다시 공명하게 선거를 치르게 되었고 그 결과 **윤보선**이 대통령으로 당선되었어요. 그러나 윤보선 정권은 정치적인 안정을 이루지 못하여 사회적 혼란이 계속되었습니다.

그러자 1961년 5월 16일, **박정희**를 중심으로 한 일부 **군인들이 무력으로 정권을 빼앗았어요.** 이를 **5·16 군사정변**이라고 해요. 이 때 들어선 군사 정권은 경제개발을 위해 노력하여 높은 경제 성장을 이루었지만, 독재*정치를 펼쳐 민주주의 발전을 해치기도 하였습니다.

독재
특정한 개인이나 단체가 어떤 분야에서 모든 권력을 차지하여 모든 일을 독단으로 처리함.

- 3·15 부정선거
- 4·19 혁명
- 5·16 군사정변

2 유신헌법과 5·18민주화 운동

1970년대 초 박정희 대통령은 계속해서 대통령을 하기 위하여 국회를 해산하고, 전국에 비상계엄*을 선포하였어요. 박정희 대통령은 비상계엄을 통해 국민들의 반대를 무릅쓰고 **유신헌법**을 만들어 강압적인 분위기에서 통과시켰어요. 이 헌법의 주요 내용은 **국민들의 선거에 의해 직접 대통령을 뽑지 않고 통일주체 국민회의**라는 조직에서 대통령을 뽑도록 하는 것이었죠. 즉, 대통령 선거가 국민들이 뽑는 직접선거가 아닌, 간접선거로 바뀌었답니다.

유신 헌법에 대한 국민적 저항으로 민주화 운동이 곳곳에서 일어났어요. 그러는 가운데 박정희 대통령이 부하에게 피살*되는 사태가 발생하였습니다

비상계엄
전쟁과 같은 국가 비상사태에 사회 질서가 극도로 혼란할 때 대통령이 선포하여 일정한 지역을 군대가 맡아 다스리는 일.

피살
죽임을 당함

대통령이 피살당해 혼란한 틈을 타 전두환을 중심으로 한 군인 세력이 또 다시 불법적으로 정권을 차지하였어요(1979. 12. 12). 군인 세력에 의해 우리나라의 민주화는 두 번째 아픔을 겪게 되었답니다.

하지만 민주주의를 향한 국민들의 열망은 이미 높아져 있었어요. 결국 1980년 봄, **군부 세력에 반대하는 학생 및 시민들의 민주화 운동**이 거세게 일어났어요. 특히, 전라남도 **광주**에서 **5월 18일** 대규모의 시위운동이 일어났습니다. 전두환의 군인 세력은 특수 부대를 동원하여 이들을 무자비하게 진압하였고, 심지어 시위 중인 시민들에게 총을 쏘았답니다. 이러한 과정에서 무고한 시민들이 많이 죽었습니다. 이를 '**5·18 민주화 운동**'이라 부릅니다.

12·12 군사반란의 주인공들

5·18민주화 운동에서 희생당한 사람들의 묘

③

드디어 민주화를 이루다

5·18 민주화 운동을 무자비하게 진압한 전두환 세력은 강압적인 분위기로 대통령 선거를 다시 선거인단에 의한 간접선거로 만들었어요. 유신헌법과 비슷하게 법을 바꾸어 대통령 자리에 오래 있으려고 하였답니다. 결국 군부세력의 핵심이었던 전두환은 의도대로 대통령에 취임하게 되었어요. 하지만 그는 여러 가지 부정과 비리로 시민들의 격렬한 비판을 받게 되어 퇴임 후 벌을 받게 되었지요.

취임
새로운 직무를 수행하기 위하여 맡은 자리에 처음으로 나아감.

탄압
권력이나 무력 따위로 억지로 눌러 꼼짝 못하게 함.

결국 **1987년 6월, 대통령을 국민의 손으로 직접 뽑도록 하는 민주 헌법을 요구하는 시위가 전국적으로 확대**되었어요**(6월 민주항쟁)**. 당시 대통령 후보였던 노태우는 선거 과정에서 국민들의 민주화 요구를 수용할 수밖에 없었습니다. 그리하여 **국민이 직접 대통령을 선출하는** 내용의 헌법 개정이 이루어졌어요.

대한민국의 역사는 산업화와 민주주의가 함께 발전해온 것입니다. 이러한 과정에서 민주주의는 언제나 도전을 받았고 그것을 이루는 것은 쉬운 일이 아니었어요. 그럼에도 불구하고 우리나라는 현재 민주주의를 이루고 시민의 권리를 누리고 살고 있답니다. 이러한 사실은 우리 국민들이 독재에 저항하고 끊임 없이 민주주의를 지키기 위해 노력했기 때문입니다.

탐구 활동

다음은 4·19혁명과 5·18 민주화 운동 기념탑입니다. 민주주의 발전을 위해 희생한 사람들이 없었다면 지금 우리가 어떤 생활을 하고 있을 지 생각해 보고, 다음의 장소를 방문하여 기행문을 적어봅시다.

4·19 민주묘지 기념탑(서울 강북)

5·18묘역 기념탑(광주)

문제 풀이

1 **민주주의를 위한 아래의 세 사건에 대한 설명으로 옳은 것은?(　　)**

4·19 혁명(1960년)

5·18 민주화 운동(1980년)

6월 민주항쟁(1987년)

① 경제 발전을 하기 위해 일으킨 시위이다.

② 새마을 운동에 반대하여 일으킨 시위이다.

③ 미 · 소의 신탁통치 반대를 위해 일으킨 시위이다.

④ 국민들이 독재에 대항하여 일으킨 사건들이다.

2 **(가)~(다)의 사건이 일어난 순서대로 옳게 나열한 것은?(　　)**

(가) 5·18 민주화 운동

(나) 6월 민주항쟁

(다) 5·16 군사정변

① (가) – (나) – (다)　　② (가) – (다) – (나)　　③ (나) – (다) – (가)　　④ (다) – (가) – (나)

정답과 해설은 118쪽에 있습니다.

4 경제 성장과 사회 변화

학습내용 : 사례를 통해 산업화와 경제 발전의 성과를 살펴보고, 그에 따른 사회 변화와 과제를 파악한다.

1 한강의 기적을 이루다

6·25전쟁 후 폐허가 된 우리나라의 모습은 정말 형편없었습니다. 전쟁 이후 우리 경제는 미국의 원조와 도움을 많이 받았지요.

그러던 가운데 1962년 박정희 군사 정부는 국민들을 배고픔에서 벗어나게 하기 위해 본격적인 제1차 **경제개발 5개년 계획**을 실시하였어요. 당시 우리나라는 가난했고 기술이 부족하여 어려움이 많았지만, 국민들의 노력으로 많은 발전을 이룩할 수 있게 되었어요.

박정희 정부는 경제개발 5개년 계획을 계속해서 추진하고 수출을 늘리기 위해 외국의 자본*을 빌려와 많은 공장을 세웠어요. 또, 농업과 과학 기술 개발에 노력하여 많은 성과를 올렸지요. 광부와 간호사 등 외국에 우리나라 사람들을 파견하여, 그들로 하여금 외화*를 벌어들이게 하기도 했답니다.

또, 1965년 이후 베트남에 군대를 파견하여, 군인들이 번 돈을 우리나라에 송금함으로써 많은 외화를 벌어들였습니다. 게다가 전쟁으로 인한 특별 수요로 경제발전에 크게 도움이 되었답니다.

한편, 정부는 산업의 발달을 뒷받침하기 위하여 여러 도로를 건설하였어요. 특히, 1970년 **경부고속도로를 건설**

자본
장사나 사업 따위의 기본이 되는 돈

외화
외국의 돈

베트남 파병
1965년 베트남(당시는 월남이라 불렀어요)으로 가는 맹호 부대 군인들의 모습입니다.

경공업
무게가 가벼운 물건을 만드는 공업. 섬유 공업 · 식품 공업 · 고무 공업 따위의 소비재 산업이 중심으로 소자본으로 가능한 공업을 말해요.

중화학공업
제철업, 조선업, 기계 제조업 등 중공업과 석유 화학, 화학 비료 등 화학공업을 아울러 이르는 말이에요.

함으로써 전국이 1일 생활권에 들게 하였어요. 경제 개발 계획은 **1960년대**에는 **경공업* 위주**로 추진되었고, **1970년대** 이후에는 철강, 석유 화학, 기계, 전자, 조선, 자동차 등 **중화학 공업*을 발전** 시키는 방향으로 나아갔어요.

경제 개발 계획의 성공으로 국민들의 일자리와 소득이 늘어났고 다른 나라에 우리나라의 물건을 많이 팔게 되면서 빠른 경제 성장이 이루어졌어요. 우리 근로자들은 경제 발전을 위해 국내에서는 물론, 중동 지방의 사막에서 땀 흘리며 열심히 일하여 부지런한 한국인이라는 인상을 전 세계에 심어주었어요.

포항제철 모형(포항제철 역사관)
포항제철은 비록 외국의 자본으로 출발했으나 이후 크게 성장하여 우리나라가 철강대국에 들어서도록 하였어요.

그리하여 우리나라는 짧은 시간 동안 엄청난 경제적 성장을 이룰 수 있었으며, 국민의 생활 수준도 크게 향상되었지요. 이러한 우리나라의 경제 성장은 다른 나라 사람들을 놀라게 하였는데, 이를 **'한강의 기적'**이라고도 부릅니다.

더 알아보기

경부고속도로

경부고속도로는 한국 근대화의 상징이자 경제성장의 견인차였어요. 박정희 대통령이 1967년 대선 공약으로 경부고속도로의 건설을 내걸자 각계에서 반대 여론이 들끓었어요. 그해 1인당 국민소득이 142달러에 불과했고, 도로의 대부분이 자갈길 그대로인 나라에서 고속도로 건설은 지나친 낭비라는 지적이었어요. 그러나 2년 5개월 후 고속도로가 완공되지요. 총길이 428km의 왕복 4차선 아스팔트가 깔리면서 서울~부산을 4시간 거리로 단축했어요. 이로써 전 국토의 일일 생활권 시대가 개막되었어요.

② 새벽종이 울렸네 새 아침이 밝았네… 새마을 운동을 시작하다

1960년대 이후 농촌에 사는 사람들은 도시에 사는 사람들보다 소득이 적었기 때문에 도시로 올라오는 사람들이 많아졌습니다. 나라에서 공업 중심으로 정책을 펴자 도시와 농촌 사람들 간에 소득 격차가 갈수록 커졌기 때문이죠. 이러한 농촌 문제를 개선하기 위해 1970년대 초부터 **새마을 운동**이 시작되었어요.

새마을 운동으로 마을길 넓히기, 초가지붕 바꾸기, 하수구 정비 등 다양한 사업들이 추진되었지요. 농촌의 소득 증대 사업도 이루어졌어요.

새마을 운동은 농민들의 잘 살아 보겠다는 의욕을 자극하여 농촌의 환경과 수준을 크게 바꾸고, 농촌 소득도 높아지는 효과를 가져왔어요. 이후 새마을 운동은 도시와 농촌 모두의 생활을 향상시키기 위한 정신 운동으로 발전하였고, 외국에서도 배워 가는 모범적인 사례가 되었지요.

하지만 새마을 운동을 통해 노력했음에도 불구하고 사람들이 새 기회를 찾아 도시로 이동하는 일이 더욱 많아졌어요. 그래서 농촌과 도시의 격차는 오늘날과 같이 심해지게 되었답니다.

새마을 운동 관련 문서

2013년 6월 새마을운동 관련문서는 UN에서도 인정받은 빈곤퇴치를 위한 모범 사례이고, 국가발전의 한 모델로서 민과 관이 협력한 성공적 사례라는 점을 높이 평가하여 세계기록유산으로 등재되었어요.

새마을 운동 깃발

더 알아보기

새마을 노래

1. 새벽종이 울렸네 새 아침이 밝았네
   너도 나도 일어나 새 마을을 가꾸세
   살기 좋은 내 마을 우리 힘으로 만드세

2. 초가집도 없애고 마을 길도 넓히고
   푸른 동산 만들어 알뜰 살뜰 다듬세
   살기 좋은 내 마을 우리 힘으로 만드세

3. 서로서로 도와서 땀 흘려서 일하고
   소득증대 힘써서 부자 마을 만드세
   살기 좋은 내 마을 우리 힘으로 만드세

4. 우리 모두 굳세게 싸우면서 일하고
   일하면서 싸워서 새 조국을 만드세
   살기 좋은 내 마을 우리 힘으로 만드세

3 원조를 받는 국가에서 주는 국가로 발전하다

경제협력개발기구(OECD)
정책협력을 통해 회원국의 경제발전을 공동으로 추구하고 세계경제문제에 공동으로 대처하기 위한 국가 간 협력기구

1인당 국민소득(GDP)
한 국가의 영토 내에서 거주하는 경제주체가 만들어낸 부가가치의 합

국제통화기금(IMF)
안정적인 국제무역을 확대하기 위해 만들어진 국제기구

대한민국은 1996년도 경제협력개발기구*(OECD)에 가입하고, 2010년부터 OECD개발원조국으로 다른 나라에게 도움을 주는 나라로 발전하였어요. 세계에서 이렇게 된 나라는 우리나라 밖에 없다고 합니다. 전쟁의 폐허 속에서 다른 나라의 도움을 받던 가난한 나라가 이만큼 성장을 한 것입니다.

비록 1997년 우리나라가 파산할 지경이 되기도 했지만, 정부와 각 기업은 여러 가지 해결 방안을 찾아서 노력했고, 국민들은 절약과 금 모으기 운동에 나섰어요. 이러한 국가 전체의 노력과 **국제 통화 기금(IMF)***의 도움으로 **경제 위기를 극복**하였답니다.

1960년대 말까지 불과 100달러에 불과했던 1인당 국민소득*(GDP)이 40년 만에 2만달러에 달하였고, 연간 수출액이 4천억 달러를 달성한 우리나라는 세계 10대 경제대국이 되었어요.

2012년에는 1인당 소득 2만달러에 인구 5천만 명을 갖춘 '20-50 클럽'에 가입하였는데, 이는 세계에서 단지 7개국뿐입니다. 이제 우리나라는 과거 우리가 받았던 것처럼 가난한 나라들이 고통을 극복할 수 있도록 도울 책임이 있답니다.

100억불 수출 달성 기념(1977년)

4 사회가 변화하다

1970년대 들어 농촌을 떠나 도시로 인구가 모여드는 현상이 계속되었습니다. 지속적인

산업화와 경제 성장은 도시 중심으로 이루어졌고, 도시민들의 생활과 소득의 향상을 가져왔지요. 농업과 어업을 통해 돈을 버는 사람보다 공업과 서비스업을 통해 돈을 버는 사람들이 늘어나면서 나라 인구의 절반 이상이 도시 생활을 하게 되었어요.

오늘날 발달된 서울의 모습

이러한 도시화, 산업화에 따라 여러 가지 사회 변화가 나타났어요. **인구의 도시 집중**으로 서울을 비롯한 대도시에 고층 빌딩과 아파트 단지가 들어섰어요. 자동차와 공업 단지의 증가로 **교통**과 **환경 문제**가 발생하기도 하였어요.

산업화는 전통적인 대가족 중심에서 자기 가족들만 사는 **핵가족 중심의 시대**로 접어들게 하였어요. 이에 따라 도시 사람들을 위한 집이 많이 필요하게 되었지요. 도시의 주택 부족은 집값을 오르게 만들기도 하였어요.

산업화 이후 국민들의 생활 수준이 향상되었지만 잘 살고 못사는 **빈부의 격차가 심화**되면서 사회적으로 약한 자와 소외되는 계층이 발생하기 시작하였습니다. 또한, 의료기술의 발달 등으로 국민들의 평균 수명이 늘어나면서 **노인 문제**가 생겨나기 시작했고, 핵가족화와 함께 **육아 문제, 저출산 문제** 등이 나타나고 있어요.

종묘 공원 앞에 모여 있는 노인들
수명이 늘고 노인들이 늘어나면서 그들을 위한 공간이 부족해 공원 등에 많은 노인분들이 모여 있어요.

산업 사회가 진행되면서 **여성들의 사회 진출**이 늘어나기 시작하였어요. 초기에 여성들은 단순한 일을 하였으나 점차 전문직과 기술직에 관련된 일을 하는 숫자가 늘어났어요. 고등 교육을 받은 여성들이 늘어나고 여성들의 사회 의식이 높아지면서, 전통적인 남성 중심 의식이 약화되고 남성과 여성이 같다는 **양성 평등 의식**이 높아지게 되었어요.

탐구 활동

2000년대 정부의 출산정책 포스터가 바뀌게 된 이유에 대해 생각해 보고, 앞으로는 어떻게 바뀌어야 할 지 적어봅시다.

1970~
1980년대

2000년대

문제 풀이

1 다음 중 박정희 정부에서 제작한 우표가 아닌 것은?(　　)

① 경부고속도로 개통

② 5 · 18 민주화 운동

③ 새마을 운동

④ 100억불 수출 기념

2 우리나라가 발전하면서 나타나게 된 사회변화에 대한 설명 중 옳지 않은 것은?(　　)

① 6 · 25전쟁이 끝난 뒤에는 출산 장려 정책으로 인해 아기를 많이 낳는 현상이 생겼다.(6 · 25)

② 1970년대 들어 농촌을 떠나 도시로 인구가 집중되면서 여러 가지 사회 변화가 나타났다.

③ 도시의 산업화는 전통적인 가족제도인 핵가족에서 대가족 제도로의 변화를 가져오기 시작했다.

④ 산업화 이후 전체적인 국민들의 생활 수준은 향상되었지만 빈부 격차가 커지기 시작했다.

정답과 해설은 119쪽에 있습니다.

5 우리의 미래와 평화 통일

학습내용 : 대한민국의 미래와 평화통일을 위해 할 수 있는 일들을 알아본다.

1 더 높은 곳을 향하여

광복 이후 60년이 넘는 세월 동안 한국 사회는 크게 발전하였어요. 많은 사람들의 노력과 희생으로 민주주의를 발전시킬 수 있었지요. 그리고 경제적 위기를 겪기도 했지만 못사는 나라에서는 보기 드물게 세계 경제 대국으로 발돋움을 하였답니다.

사회 발전과 함께 문화도 다양해지고 수준도 높아져서 한국 문화는 세계에 널리 알려지고 있어요. 근래에는 **'한류'**라 하여 동남아는 물론 세계 각국에 우리 문화가 알려지고 있습니다.

국제 사회에서 한국의 위상도 크게 달라졌어요. **1988년 서울올림픽** 개최와 **2002년 한·일 월드컵 공동 개최**를 통해 한국의 위상이 크게 높혀졌고, 한국 기업들은 전 세계로 진출하여 활발한 기업 활동을 하고 있어요.

서울 올림픽 포스터(1988)
호랑이를 상징한 호돌이가 마스코트였어요.

2005년에는 아시아 태평양 경제협력체(APEC) 정상회의를 부산에서 개최하여 우리나라의 위상을 한 단계 높였습니다.

2006년에는 **국제연합(UN)**의 반기문 **사무총장을 배출**한 국가가 되기도 하였지요. 이에 따라 세계의 많은 국가들이 한국을 알려고 하고, 다른 선진국들은 한국을 동등한 협력 대상으로 보면서 동시에 치열한 경쟁을 벌이고 있답니다.

누리마루 APEC하우스(부산)
아시아 태평양 경제협력체(APEC) 정상 회의장이었어요.

국제적 위상이 고조되자 우리나라는 유엔의 평화 유지를 위해 국제 분쟁지구에 유엔 평화 유지군(PKO)을 파견하고 어려운 나라의 재건에 적극적으로 참여하고 있습니다. 이는 우리가 6·25 전쟁 후 다른 나라에 받았던 도움을 돌려줄 책임이 있기 때문이며, 우리나라의 국제적 위상을 높이는 일이기도 합니다.

2 통일을 위해 남북한이 머리를 맞대다

7·4 남북 공동 성명 발표
1972년, 남북한이 분단 이후 최초로 통일에 대한 합의를 발표한 역사적인 사건입니다.

6·25전쟁 이후 대립하던 남과북은 **1972년 7·4 남북 공동 성명**을 발표하였습니다. 7·4 남북 공동 성명에서 남북한은 **자주 통일, 평화 통일, 민족 대단결의 3대 원칙**을

내세워 통일을 위해 함께 노력하기로 하였어요.

남북 간의 대화는 1980년대 **이산가족의 상봉**과 예술 공연단의 교환 방문으로 계속 이어졌습니다. 또, 서울에서 시작된 남북 고위급 회담은 서울과 평양을 오가며 여러 차례 진행되었어요. 그리고 남북한이 수해 등의 자연 재해로 경제적 어려움에 처하면 서로 돕기도 하였어요. 경제적으로 남과 북은 **개성공단**을 만들어 협력하고 있었으나 문제가 발생하기도 했답니다.

평화 통일의 기반을 다지기 위한 노력은 2000년에는 김대중 대통령이, 그리고 2007년에는 노무현 대통령이 평양을 방문하여 김정일 국방위원장과 **남북 정상 회담**을 개최한 데서 꽃을 피웠습니다. 특히, 2000년에 남북 정상은 우리 민족의 통일 문제를 자주적으로 해결하자는 **6·15 남북 공동 선언**을 발표하였어요.

초기의 개성공단

그러나 2010년 이후 북한은 핵무기 개발, 천안함 사건과 연평도 포격사건 등을 일으켜 남과 북의 관계는 나빠지고 있어요. 그러나 이러한 어려움을 극복하고 우리는 민족의 평화 통일을 이루어야 합니다.

더 알아보기

금강산 관광과 개성 공단

1998년 시작된 금강산 관광은 한국의 민간인들이 북한의 금강산을 여행하는 것이었어요. 남북 분단 50년사에 새로운 획을 그은 사건이었죠.
개성공단은 2000년 6 · 15공동선언 이후 남북 교류 협력의 하나로 남북이 합의하여 개성에 개발한 공업단지입니다. 남측의 자본과 기술, 북의 토지와 인력이 결합하여 남북 교류 협력의 새로운 장을 연 사업이에요.

③ 어떻게 하면 통일을 이룰까?

우리나라가 통일되기 위해서는 여러 가지 해결해야 할 문제들이 많이 남아 있어요. 남과 북은 광복 이후 오랫동안 다른 생각과 환경 속에서 살아왔기 때문에 무엇보다도 서로 다르다는 감정을 극복하는 것이 최우선 과제예요. 이 과정에서 중요한 것은 남북 간에 신뢰를 회복하고 서로 양보하고 이해하려는 노력입니다.

'한민족 한나라'이지만 서로 전쟁을 벌였고, 적이 된 채로 갈라져 있던 한반도는 21세기에 들어와서야 평화와 화해로 가는 길을 열기 시작했어요. 그러나 근래에 와서 북핵 문제 등으로 관계가 다시 나빠지고 전 세계가 긴장하고 있답니다. 지금이 바로 남북 간에 많은 대화가 필요한 때입니다.

남북한 동시 유엔 가입(1991년)
남과 북은 분단 46년 만에 같이 유엔 회원국이 되었어요.

우리나라는 북한보다 경제력에서는 비교가 되지 않을 정도로 앞서 있으므로 강해진 국력과 성숙된 민주 시민 의식을 바탕으로 남북 관계에서 자신감을 가져야 합니다. 분단 현실을 인정하고 그 바탕 위에서 남북한의 대결 상태를 완화하려는 통일 노력이 필요한 것이죠. 남과 북이 서로가 한발씩 양보하는 배려 속에서 통일은 다가 올 것입니다.

오두산 통일전망대(경기 파주)

탐구 활동

남과 북이 통일을 하게 되면 얻게 될 좋은 점과 발생하게 될 문제점에 대해 조사하여 정리해 봅시다. 그리고 이러한 조사 결과를 통해 우리가 바람직한 통일을 이루기 위해 어떻게 노력해야 할 지 생각해 봅시다.

통일의 장점

통일을 이루면
발생하게 될 문제점

문제 풀이

1 ‘통일을 위한 노력으로 적절하지 <u>않은</u> 것은?(　　)

국제 정세의 변화 속에서 우리 정부는 북한에 대해 선의의 경쟁을 제의하였다. 이것은 정부가 그 동안 배양된 국력과 성숙된 민족의식을 바탕으로 남북 관계에서 자신감을 가지게 된 결과, 분단 현실을 인정하고 그 바탕 위에서 남북한의 대결 상태를 완화하려는 통일 노력에서 나온 것이라고 할 수 있다.

① 금강산 관광

② 이산 가족 상봉

③ 7 · 4 남북 공동 성명

④ 서울 올림픽 대회

정답과 해설은 119쪽에 있습니다.

문제풀이 정답과 해설

4 -1 15쪽

정답 ③
해설 병자호란 후 효종은 형인 소현세자와 함께 인질로 청나라에 갔으나, 돌아와 왕이 되자 당시의 패배를 갚기 위해 북벌을 계획하였습니다. 효종은 이미 청나라의 요청으로 러시아에 조총으로 무장된 군대를 파견하여 승리를 거두었습니다. 청의 선진 문물을 들여오자고 주장한 사람은 소현세자로 그는 귀국하면서 서양 서적 등을 조선으로 가지고 왔습니다.

정답 ① : 안용복 ② : 독도
해설 일본은 안용복 이야기를 거짓이라고 주장하였지만, 몇 년 전 안용복이 일본에 건너가 울릉도와 독도가 조선의 땅임을 주장한 내용의 글이 일본에서 발견되어 독도가 우리 땅임을 증명할 수 있는 좋은 증거가 되고 있지요.

4 -2 25쪽

정답 ③
해설 「음식디미방」을 지은 것은 안동 장씨입니다. 빙허각 이씨는 여성 실학자로서 여성들을 위한 백과사전과도 같은 「규합총서」라는 책을 펴냈습니다.

예시 신사임당은 조선의 여성 시인이자 화가로 유명해요. 또한 율곡이이의 어머니로서 오만원짜리 지폐의 모델이기도 하지요.

4 -3 33쪽

정답 ③
해설 영조는 탕평책을 실시하여 신하들을 고루 등용하고자 노력하였어요. 또한 억울한 사형수를 막기 위해 삼심제도를 실시하였고, 일부 노비들 중 억울한 사람들을 찾아 풀어주었으며, 속대전과 같은 도서들도 펴내었답니다.

정답 정약용
해설 정약용은 조선 후기의 대표적인 실학자로 정조를 도와 화성을 건설하였으며, 『목민심서』, 『경세유표』와 같은 책을 남겼습니다.

4 -4 41쪽

정답 ③
해설 민화는 조선 후기에 유행한 그림으로 집안을 장식하거나 서민들과 관련된 소재들을 그린 그림들을 말합니다.

정답 ① : 양반 ② : 백성(서민)
해설 조선 후기 문화의 대표적인 현상은 문화를 누리는 주된 사람들이 양반들에서 일반 백성들로 폭이 넓어졌다는 것입니다. 이는 일반 서민들도 문화를 누릴 만큼 경제적 여유가 생겼음을 말해주죠.

4-5 49쪽

정답 ④

해설 천주교는 조선 왕실에서 크게 탄압을 받게 됩니다. 조상을 섬기지 않는다는 것과 모든 사람이 평등하다고 주장하는 것으로 인해 나라의 기초를 흔드는 종교라 하여 크게 탄압을 받게 된 것이지요.

정답 ㉮ 최제우 ㉯동학 ㉰평등

5-1 59쪽

정답 ①

해설 흥선대원군은 세도정치를 뿌리뽑고, 서원을 없애고 양반에게도 세금을 걷는 등 개혁정치를 폈습니다. 그러나 경복궁을 중건하면서 백성들의 원성을 샀고, 서양 세력을 배척하는 척화비를 세웠으며 9명의 프랑스 선교사와 수많은 천주교도를 처형하기도 했답니다.

정답 ④

해설 병인양요(1866년), 신미양요(1871년), 운요호 사건(1875년), 강화도 조약(1876년), 동학 농민 운동(1894년)의 순서입니다.

5-2 67쪽

정답 ④

해설 고종은 스스로 황제가 되어, 대한제국을 선포하여 힘있는 나라를 만들고자 하였어요.

정답 ②

해설 동학 농민 운동은 1894년, 양헌수의 프랑스군 격퇴는 병인양요인 1866년의 일입니다. 그리고 안중근의 이토히로부미 처단은 군대 해산과 고종의 강제퇴위 이후인 1909년입니다.

5-3 75쪽

정답 ④

해설 3 · 1운동으로 인해 국외에 퍼져있는 임시정부들을 하나로 통합하여 대한민국 임시정부를 세우고자 하는 움직임이 생겨났습니다.

정답 ①

해설 김좌진은 청산리 전투 이후 독립군 양성에 전념하다가 1929년 만주에서 조직된 독립 운동 단체인 한국총연합회가 결성되자, 대표로 뽑히게 되었어요. 1930년 공산주의자 총에 맞아 안타깝게 순국하였지요.

5-4 83쪽

정답 ③

해설 독상에서 겸상이나 두레상의 형태로 바뀌었답니다.

정답 ②

해설 서울에서 일본인들은 한국인과 함께 살지 않고 떨어져서 살았습니다.

6-1 90쪽

정답 ③

해설 김구는 남한만의 선거를 치를 경우 남과 북이 영원히 갈라서게 될 것을 염려하여 남한 단독선거를 반대하였어요.

정답 ①

해설 광복은 1945년 8월 15일에, 모스크바 삼국외상회의는 1945년 12월에, 신탁통치반대운동은 삼국외상회의 직후부터 일어났으며, 5 · 10총선거는 1948년 5월 10일 남한단독선거로 치러졌답니다.

6-2 96쪽

정답 ③

해설 국군과 유엔군은 인천 상륙 작전을 통해 서울을 탈환하고 압록강까지 진격했지만 중국군의 참전으로 인해 다시 남쪽으로 후퇴하였답니다.

정답 ④

해설 국군과 유엔군이 압록강까지 진격하자 북한을 도와 전쟁에 참여한 나라는 중국이랍니다.

6-3 102쪽

정답 ④

해설 세 가지 사건 모두 국민들이 독재와 항거하여 민주주의를 쟁취하려는 목적을 가지고 있었어요. 많은 대가를 치룬 만큼 우리나라 민주주의 발전에 결정적인 역할을 하였답니다.

정답 ④

해설 5 · 18 민주화운동은 1980년, 6월 민주 항쟁은 1987년, 5 · 16 군사정변은 1961년에 일어난 사건들입니다.

6-4 109쪽

정답 ②

해설 경부고속도로 건설과 새마을 운동, 100억불 수출은 모두 1970년대에 있었던 일로 박정희 정부 때의 일입니다.

정답 ③

해설 대가족제도에서 핵가족제도로 변하기 시작했습니다.

6-5 115쪽

정답 ④

해설 통일을 위한 노력은 대화 노력과 민간인 교류를 위한 이산 가족 상봉, 금강산 관광을 통한 경제 협력, 남북 단일팀을 통한 체육 교류 등을 예로 들 수 있습니다.

세계
문화
유산

세계 유산

세계 유산은 1972년 유네스코(UNESCO, 국제연합교육과학문화기구) 세계 문화 및 자연유산의 보호에 관한 협약(Convention Concerning the Protection of the World Cultural and Natural Heritage)에 의거하여 세계유산목록에 등재된 유산을 지칭합니다. 인류의 보편적이고 뛰어난 가치를 지닌 각국의 부동산 유산이 등재되는 세계유산의 종류에는 문화유산, 자연유산 그리고 문화와 자연의 가치를 함께 담고 있는 복합유산이 있습니다.

석굴암·불국사(1995년)

해인사 장경판전(1995년)

종묘(1995년)

창덕궁(1997년)

화성(1997년) 행궁

경주 역사 지구(2000년)

고창·화순·강화 고인돌 유적(2000년)

제주 화산섬과 용암동굴(2007년)

조선 왕릉(2009년)

한국의 역사 마을 : 하회마을(좌)와 양동마을(우)(2010년)

〈잠정 목록〉

강진도요지, 남한산성, 서남해안 갯벌, 염전, 대곡천 암각화군, 설악산 천연보호구역, 남해안 일대, 공룡화석지, 중부 내륙 산성군, 공주・부여역사유적지구, 익산 역사유적지구, 외암마을, 낙안읍성, 우포늪, 한국의 서원, 한양 도성.

※ 세계 문화 유산에 대한 설명은 문화재청 홈페이지를 전적으로 이용하였습니다.

Intangible
Cultural
Heritage

인류 무형 유산

2003년 유네스코 무형문화유산 보호 협약에 의거하여 문화적 다양성과 창의성이 유지될 수 있도록 대표목록 또는 긴급목록에 각국의 무형유산을 등재하는 제도입니다. 2005년까지 인류구전 및 무형유산걸작이라는 명칭으로 유네스코 프로그램 사업이었으나 지금은 세계유산과 마찬가지로 정부간 협약으로 발전되었습니다.

종묘 제례 및 종묘 제례악(2001년)

판소리(2003년)

강릉단오제(2005년)

강강술래(2009년)

남사당놀이(2009년)

영산재(2009년)

제주칠머리당영등굿(09년)

처용무(2009년)

가곡(2010년)

대목장(2010년)

줄타기(2011년)

택견(2011년)

한산 모시짜기(2011년)

아리랑(2012년)

매사냥(2012년)

Memory of
the World

세계 기록 유산

유네스코가 고문서 등 전 세계의 귀중한 기록물을 보존하고 활용하기 위하여 1997년부터 2년마다 세계적 가치가 있는 기록유산을 선정하는 사업으로 유산의 종류로는 서적(책)이나 문서, 편지 등 여러 종류의 동산 유산이 포함됩니다.

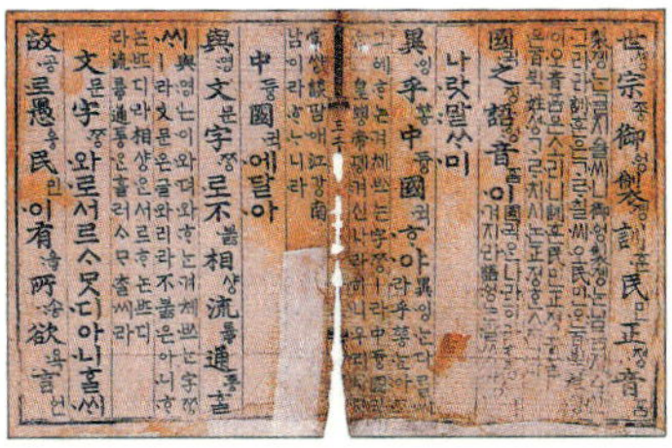
훈민정음(1997년)

조선왕조실록(1997년)

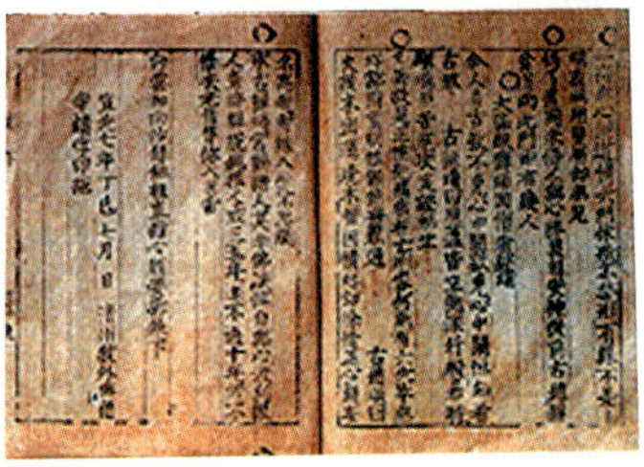
직지심체요절(2001년)

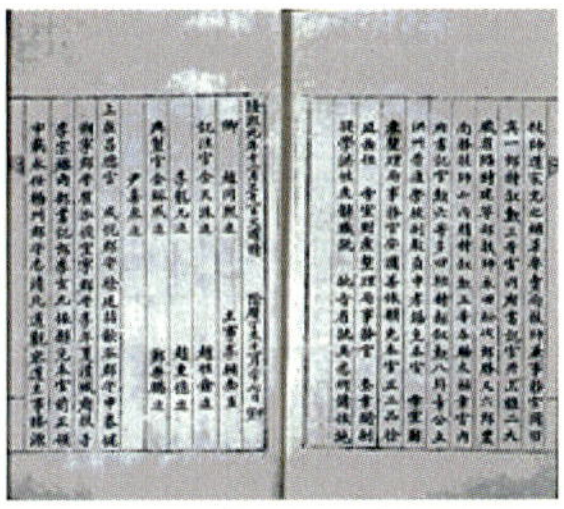
승정원일기(2001년)

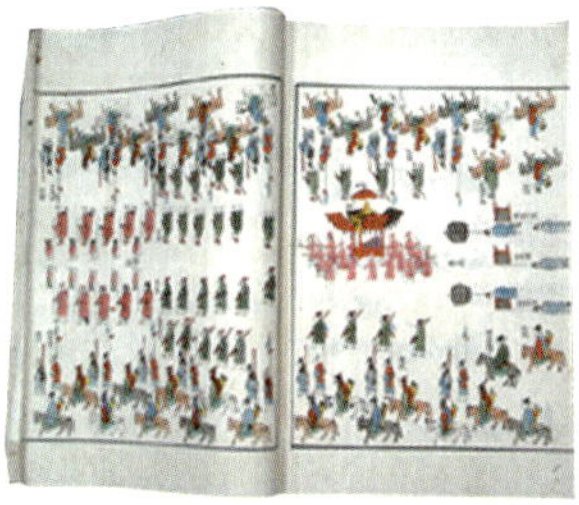
조선왕조 의궤(2007년)

해인사 대장경판 및 제 경판(2007년)

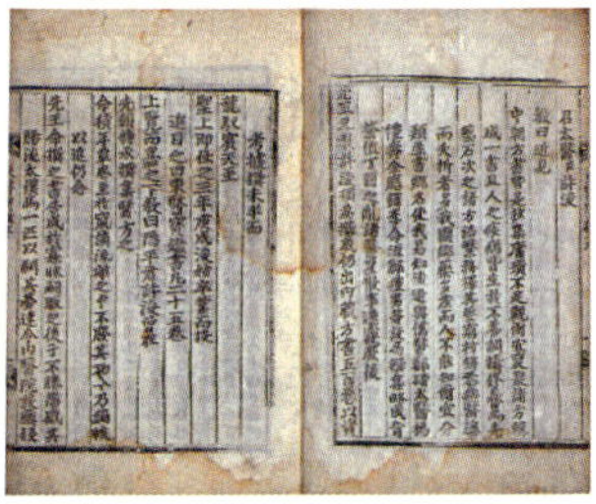
동의보감(2009년)

일성록(2011년)

5·18민주화운동 기록물 (2011년)

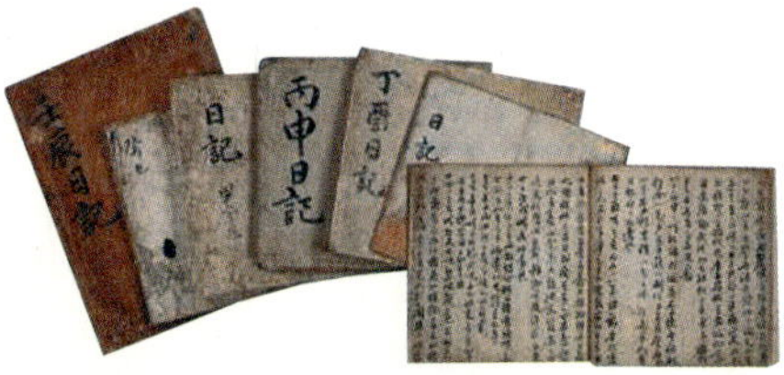
난중일기(2013년)

새마을 운동 기록물 (2013년)

한국사 연표

구석기

신석기

구석기 문화 : 약 70만 년 전

- 돌멩이를 깨뜨려 살아가다.

신석기 문화 : 기원전 8000년경

-돌을 갈아서 사용하다. 농사를 짓다.

삼국시대

기원전 57 신라 건국(『삼국사기』) - 박혁거세, 서라벌의 왕이 되다.

기원전 37 고구려 건국(『삼국사기』) - 주몽, 졸본에 자리잡다.

기원전 18 백제 건국(『삼국사기』) - 온조, 위례성에 자리잡다.

317 백제의 전성기 - 근초고왕, 고구려를 치다.

372 고구려, 불교 전래

384 백제, 불교 전래

405 백제, 일본에 한학 전함

427 고구려의 전성기 - 장수왕, 평양으로 도읍을 옮기다.

433 나·제 동맹이 맺어짐

503 신라, 나라 이름과 왕의 명칭을 정함

청동기

청동기 문화 : 기원전 2000년~1500년

고조선의 건국(기원전 2333, 삼국유사) :

- 단군왕검, 최초의 우리나라를 세우다.

철기

기원전 400 철기 문화의 보급

기원전 194 위만, 고조선의 왕이 됨

기원전 108 고조선 멸망

삼국시대

520 신라, 율령(법률) 반포

527 신라, 불교를 공인

538 신라의 전성기 - 진흥왕, 한강유역을 점령하다.

538 백제, 사비성으로 도읍 옮김

552 백제, 일본에 불교 전함

612 고구려, 살수 대첩 - 을지문덕, 수나라를 물리치다.

632 신라 선덕여왕, 우리나라 최초의 여왕이 되다.

633 첨성대 건립 - 동양 최초의 천문대를 세우다.

645 고구려, 안시성 싸움 - 양만춘, 당나라를 물리치다.

660 백제 멸망

668 고구려 멸망

남북국시대

676 신라, 삼국 통일을 이루다.

698 발해 건국 - 대조영, 고구려를 계승하다.

751 불국사와 석굴암 건립 시작

771 성덕 대왕 신종이 만들어짐

고려시대

935 신라 멸망

936 고려 왕건, 후삼국을 통일하다.

958 과거 제도 실시-우리나라 역사 처음으로 과거 시험이 실시되다.

993 서희, 외교 담판으로 강동6주를 얻다.

1019 귀주 대첩 - 강감찬, 거란을 크게 물리치다.

1107 여진 정벌 - 윤관, 별무반을 이끌고 여진을 몰아내다. 동북9성을 쌓다.

1145 김부식, 삼국사기 편찬

1170 무신정변 - 100년간의 무신정권이 시작되다.

1231 몽골의 제1차 칩입

1232 강화도로 수도를 옮기다.

남북국시대

828 장보고, 청해진 설치하고 바다를 주름잡다.

900 견훤, 후백제 건국

901 궁예, 후고구려 건국

918 왕건, 궁예를 몰아내고 고려를 건국하다.
개경(개성)을 수도로 하다.

926 발해 멸망

고려시대

1232 승려 김윤후, 백성과 천민을 이끌고 몽고군을 물리치다.

1236 팔만 대장경 새김(완성 : 1251) -부처님 힘으로 몽고군을 물리치고자 만들다.

1270 개경 환도 - 몽고와 강화를 맺고 수도를 다시 개경으로 옮기다.

1270 삼별초, 끝까지 몽고군과 싸우다.

1285 일연, 삼국유사 편찬

1359 홍건적의 침입(~1361)

1366 문익점, 원에서 목화씨 들여오다.

1377 최무선, 화포를 제작하다.
금속활자로 『직지심체요절』을 인쇄하다.

1388 위화도 회군

조선 전기

1392 고려 멸망

이성계, 조선을 건국하다.

1394 한양으로 수도를 옮기다.

1416 4군 설치(완성 : 1443)

1418 세종, 왕위에 오르다.

1434 6진 설치(완성 : 1449) - 김종서, 여진족을 몰아내다.

1441 장영실, 측우기를 제작하다.

1443 세종, 우리의 글자 '훈민정음'을 만들다.

1446 훈민정음을 널리 알리다.

조선 후기

1610 허준, 동의보감을 완성하다.

1623 인조반정 - 인조, 광해군을 몰아내고 임금이 되다.

1627 정묘호란 - 후금(청)이 쳐들어오다.

1631 정두원, 청나라에서 천리경, 자명종, 화포 등을 들여오다.

1636 병자호란 - 인조, 삼전도에서 굴욕적인 항복을 하다.

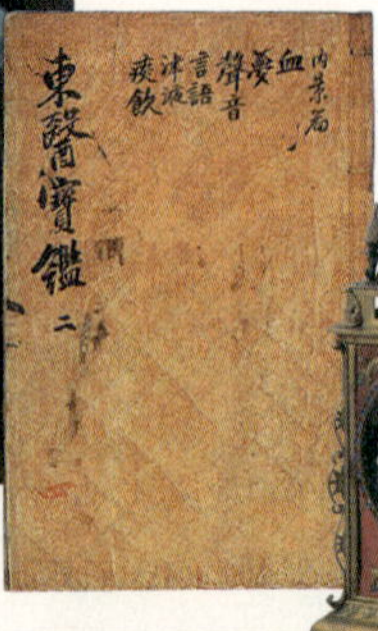

조선 전기

1475 인수대비, 『내훈』을 만들어 교육하다.

1485 조선의 법전, 경국대전 완성

1504 조선의 여성 예술가, 신사임당 태어나다.

1563 조선의 천재 여성 시인, 허난설헌 태어나다.

1592 임진왜란 - 일본이 쳐들어오다.

1592 한산도 대첩 - 이순신, 한산도에서 일본 수군을 크게 이기다.

1592 진주 대첩 - 김시민, 진주성에서 10배의 일본군을 물리치다.

1593 행주 대첩 - 권율, 행주산성에서 일본 대군을 물리치다.

1598 임진왜란 끝나다.

조선 후기

1645 소현 세자, 과학, 천주교 등 서양 서적을 들여오다.

1649 효종, 임금이 되어 북벌을 꿈꾸다.

1678 상평통보를 만들다.

1696 안용복, 울릉도와 독도에서 일본 어부들을 쫓아내다.

1708 세계지도 '곤여만국전도'가 전해지다.

1724 영조, 임금이 되다.

1725 영조, 탕평책을 실시하다.

1750 영조, 균역법을 실시하여 세금을 덜어주다.

조선 후기

1751 ‘인왕제색도’ 가 그려지다 - 정선, 진경산수화를 꽃피우다.

1776 정조, 임금이 되어 강력한 왕을 꿈꾸다.
규장각을 설치하다.

1778 ‘행려풍속도’ 가 그려지다. - 김홍도, 풍속화의 새 경지를 열다.

1786 서학을 금함

1794-1796 정조의 꿈, 화성을 건설하다.(정약용의 거중기 사용되다.)

조선 후기

1863 고종 즉위, 흥선 대원군 집권 - 세도정치를 끝내다.

1865 흥선 대원군, 경복궁를 다시 짓다.(완성:1872)

1866 병인박해 - 흥선 대원군, 천주교인들을 탄압하다.
평양 관민, 미국 상선 제너럴 셔먼호를 불태우다.
병인양요 - 프랑스 함대, 강화도를 침략하다.

1868 독일 상인 오페르트, 남연군 묘 도굴

1871 신미양요 - 미국 함대, 강화도를 침략하다.
흥선 대원군, 척화비를 세우다.

조선 후기

1795 여성 사업가 김만덕, 전 재산을 털어 백성을 구제하다.
1800 정조가 죽고, 세도정치(~1863) 가 시작되다.
1811 홍경래, 난을 일으키다.
1818 정약용, 『목민심서』 완성. 실학을 총정리하다.
1831 천주교 교구 설치 - 천주교가 조선에 본격적으로 들어오다.
1860 최제우, 동학을 창시하다.
1861 김정호, 대동여지도 제작하다.
1862 진주민란 -백성들이 전국에서 일어나다.

조선 후기

1873 고종, 직접 정치하다(흥선 대원군 물러남).
1875 운요호 사건
1876 강화도 조약 -일본과 불평등 외교조약을 맺다.
1882 조·미 수호 통상 조약 - 미국과도 외교조약을 맺다.
임오군란 - 구식 군대의 폭동이 일어나다.
1884 우정국 설치 갑신정변- 개화파의 3일천하로 끝나다.
경복궁에 최초의 전기시설 설치, 전등을 사용하다.

조선 후기

1885 서울·인천 간 전신 개통

최초의 서양식 병원, 광혜원 설립

1886 덕수궁에 최초의 전화 설치

1894 동학농민운동 - 동학군, 나라를 구하기 위해 일어나다.

갑오개혁 - 근대화의 길을 마련하다.

1895 을미사변 - 일본, 명성황후를 무참히 시해하다.

단발령 시행

1896 고종, 러시아 공사관으로 피신하다.

서재필, 독립 신문과 독립 협회를 만들다.

일제강점기

1910 일제 강제 병합 - 일본의 식민통치가 시작되다.

1919 3·1 운동 - 전국에 독립만세가 울려퍼지다.

대한 민국 임시 정부를 수립하다.

1920 봉오동, 청산리 전투

- 홍범도, 김좌진 장군, 독립군이 일본군을 크게 이기다.

유관순 열사, 서대문 감옥에서 순국하다.

1932 이봉창, 일왕에게 폭탄 던지다.

윤봉길, 상하이 훙커우 공원에서 폭탄 던지다.

1940 한국 광복군 창설하다.

1941 대한 민국 임시 정부, 대일 선전 포고

대한제국

1897 대한 제국 선포- 고종, 힘있는 나라를 꿈꾸다.

1898 시내에 전차가 운행되다(서대문~청량리)

1899 최초의 철도, 경인선 개통

1905 을사조약 - 일본에 외교권을 빼앗기다.

1907 국채 보상 운동 - 나라 빚을 갚기 위해 백성들이 힘을 모으다.

고종, 헤이그 특사를 파견하다.

1909 안중근, 이토 히로부미를 사살하다.

대한민국

1945 8·15 광복 - 일제로부터 독립하다.

모스크바 3국(미,영,소) 회의 개최 - 신탁통치 결정

1946 제1차 미·소 공동 위원회 개최

이승만, 남한 단독 정부 수립 주장 발표

1947 제2차 미·소 공동 위원회 개최

유엔 한국 임시 위원단 구성

1948 김구, 남북 협상 제의

5·10 총선거(남한만) 실시

대한 민국 헌법 공포

대한 민국 정부 수립, 북한 정권 수립 - 한반도가 갈라지다.

대한민국

1950 6·25 전쟁 - 북한 공산당이 쳐들어오다.

유엔, 한국 파병 결의

유엔군, 인천 상륙 작전 결행

9·28 서울 수복

1951 중국군의 참전 - 1·4 후퇴

1953 휴전 협정 조인 - 잿더미가 된 한반도, 전쟁을 멈추다.

한·미 상호 방위 조약 조인

대한민국

1972 7·4 남북 공동 성명 - 분단 후 남·북 최초의 통일을 위한 공동 합의문 발표

박정희, 10월 유신 헌법 제정 - 국민이 대통령을 직접 뽑지 못하게 되다.

1977 수출 100억 달러 달성

1980 5·18 민주화 운동 - 광주에서 신군부에 반대하여 민주화를 외치다.

1981 전두환 정부 성립

수출 200억 달러 달성

1987 6월 민주 항쟁 - 대통령을 국민의 손으로 직접 뽑게 되다.

1988 제24회 서울 올림픽 대회 개최

1991 남북한 유엔 동시 가입

대한민국

1960 자유당 정권, 3·15 부정 선거로 국민을 속이다.

4·19 혁명 - 국민의 힘으로 자유당 정권을 몰아내다.

1961 5·16 군사 정변 - 박정희, 무력으로 정권을 빼앗다.

1962 제1차 경제 개발 5개년 계획 - '한강의 기적' 시작되다.

1963 박정희 정부 수립

1965 베트남 파병

한·일 협정 조인

1970 새마을 운동 시작 - 잘 살기 위해 국민 모두 노력하다.

경부 고속 도로 개통 - 최초의 고속도로가 만들어지다.

대한민국

1996 대한민국, 경제협력개발기구(OECD) 가입

1997 IMF 구제 금융 신청 - 외환 위기

2000 김대중, 제1차 남북정상회담 - 남북 최고 지도자가 만나 통일을 위한 노력을 약속하다.

6·15 남북 공동 선언

2002 한·일 월드컵 축구대회 공동 개최

2006 반기문, 국제연합(UN) 사무총장 당선

2007 노무현, 제2차 남북정상회담

2010 개발원조국 가입 - 원조를 받던 국가에서 주는 국가로 발전하다.

역대 왕조 계보

고구려

삼국사기 B.C 37~A.D. 668

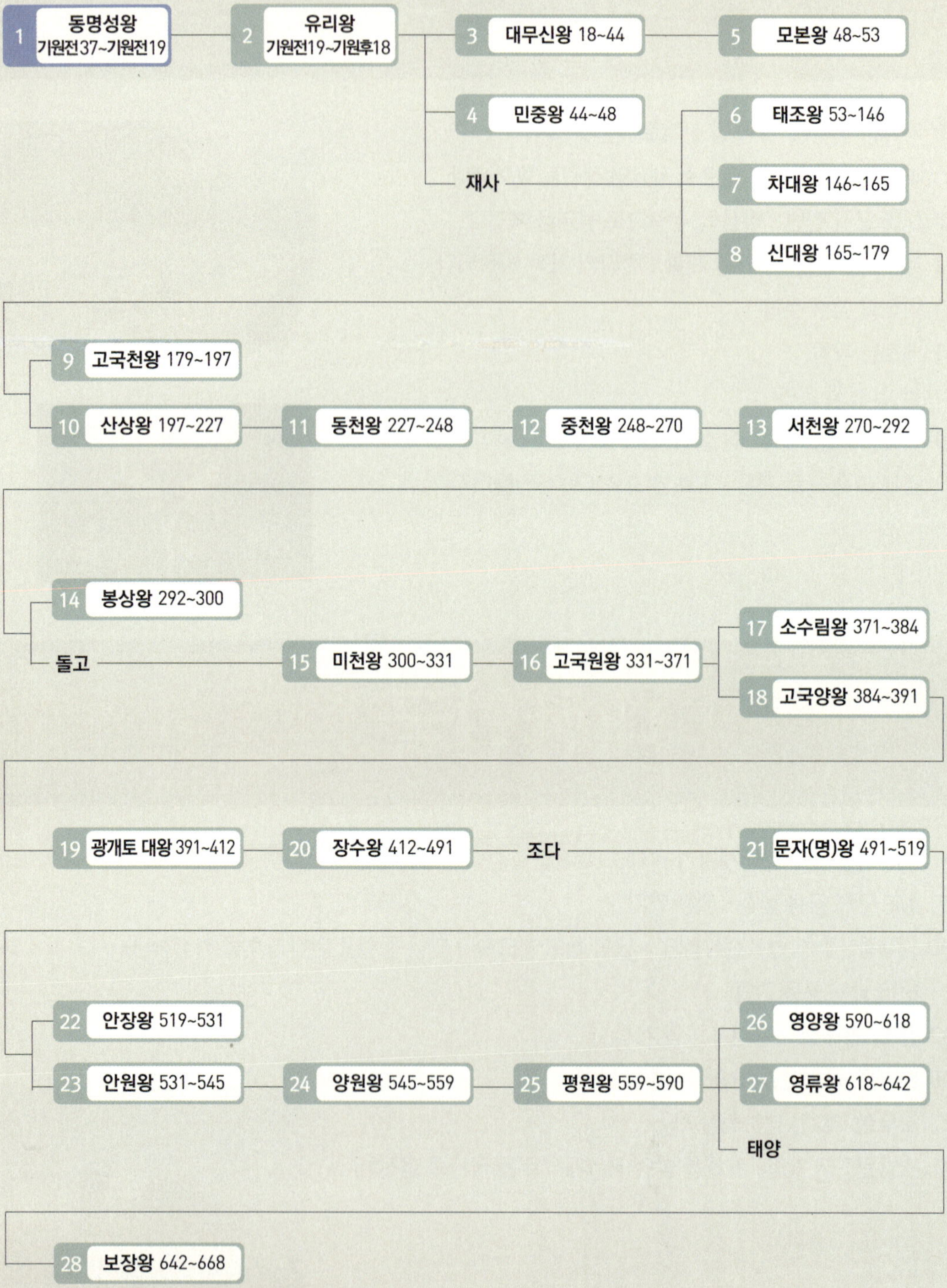

1. 온조왕 기원전18~기원후28
2. 다루왕 28~77
3. 기루왕 77~128
4. 개루왕 128~166
   - 5. 초고왕 166~214
     - 6. 구수왕 214~234
       - 7. 사반왕 234
       - 11. 비류왕 304~344
         - 13. 근초고왕 346~375
         - 14. 근구수왕 375~384
           - 15. 침류왕 384~385
             - 17. 아신왕 392~405
             - 18. 전지왕 405~420
             - 19. 구이신왕 420~427
             - 20. 비유왕 427~455
             - 21. 개로왕 455~475
               - 22. 문주왕 475~477
                 - 23. 삼근왕 477~479
               - 곤지
                 - 24. 동성왕 479~501
                   - 25. 무령왕 501~523
                   - 26. 성왕 523~554
                     - 27. 위덕왕 554~598
                     - 28. 혜왕 598~599
                       - 29. 법왕 599~600
                       - 30. 무왕 600~641
                       - 31. 의자왕 641~660
                       - 융
           - 16. 진사왕 385~392
   - 8. 고이왕 234~286
     - 9. 책계왕 286~298
     - 10. 분서왕 298~304
     - 12. 계왕 344~346

신라

삼국사기 B.C 57~A.D. 935

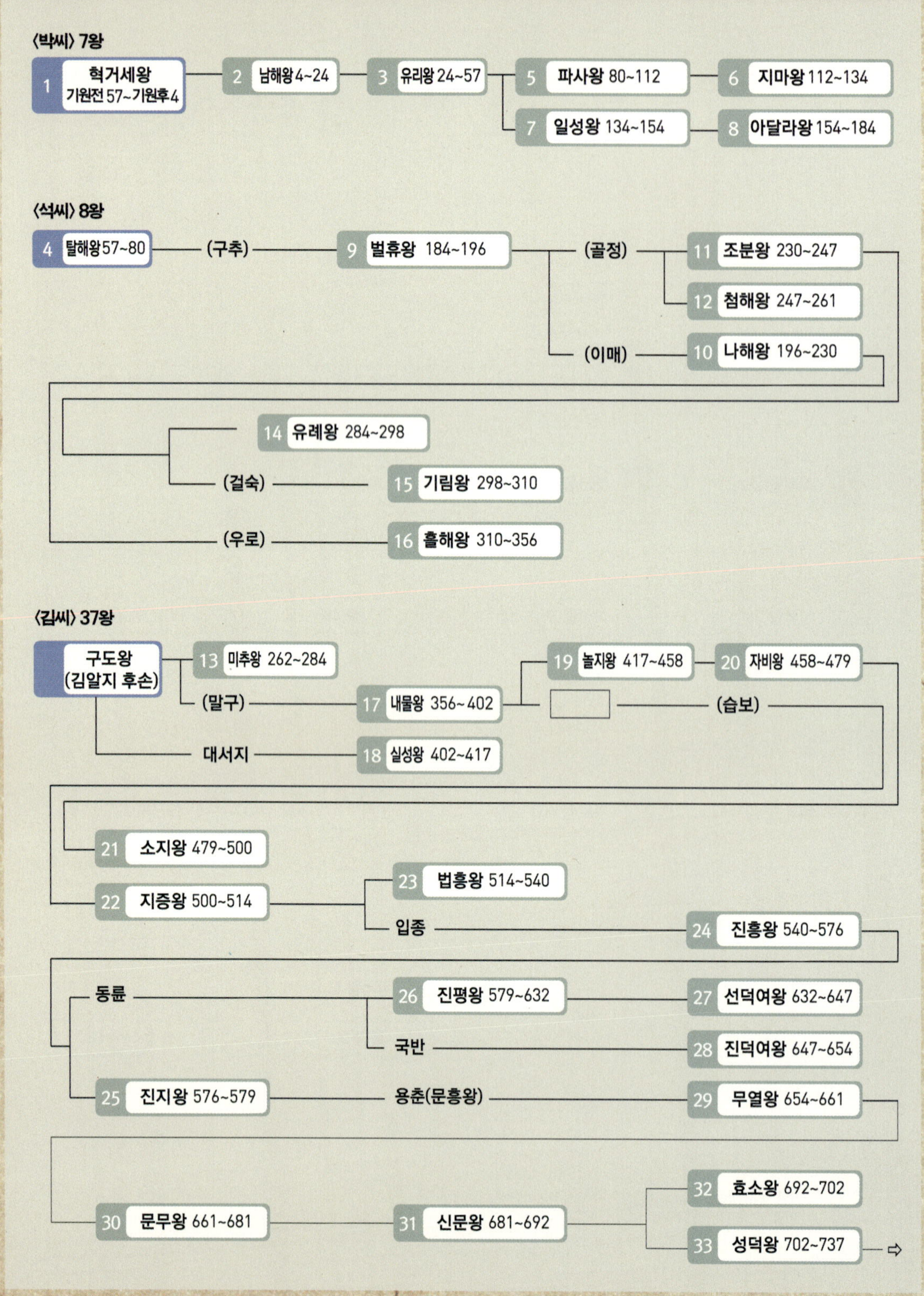

신라

삼국사기 B.C 57~A.D. 935

- ⇨
  - 34 **효성왕** 737~742
  - 35 **경덕왕** 742~765 — 36 **혜공왕** 765~780 — 37 **선덕왕** 780~785 (내물 10세손)
- 38 **원성왕** 785~798 (내물 12세손)
  - **인겸**
    - 39 **소성왕** 798~800 — 40 **애장왕** 800~809
    - 41 **헌덕왕** 809~826
    - 42 **흥덕왕** 826~836
  - **충공** — 44 **민애왕** 838~839
  - **예영**
    - **헌정** — 43 **희강왕** 836~838
    - **균정**
      - 45 **신무왕** 839 — 46 **문성왕** 839~857
      - 47 **헌안왕** 857~860
- **계명** — 48 **경문왕** 861~875
  - 49 **헌강왕** 875~886 — 52 **효공왕** 897~912
  - 50 **정강왕** 886~887
  - 51 **진성 여왕** 887~897

〈박씨〉 3왕

- 53 **신덕왕** 912~917 (아달라 원손)
  - 54 **경명왕** 917~924
  - 55 **경애왕** 924~927

〈김씨〉 1왕

- 56 **경순왕** 927~935 (문성왕 6세손)

발해

229년, 698~926

- 1 **고왕** 698~719
  - 2 **무왕** 719~737 — 3 **문왕** 737~793
    - **굉림** — 5 **성왕** 793~794
    - 6 **강왕** 794~809
      - 7 **정왕** 809~812
      - 8 **희왕** 812~817
      - 9 **간왕** 817~818
  - 4 **폐왕 원의** 793
- **야발** — □ — □ — □ — 10 **선왕** 818~830 — **신덕**
  - 11 **왕(이진)** 830~857
  - 12 **왕(건황)** 857~871 — 13 **현석** 871~894 — 14 **위해** 894~906 — 15 **인선** 906~926

고려

475년, 918~1392

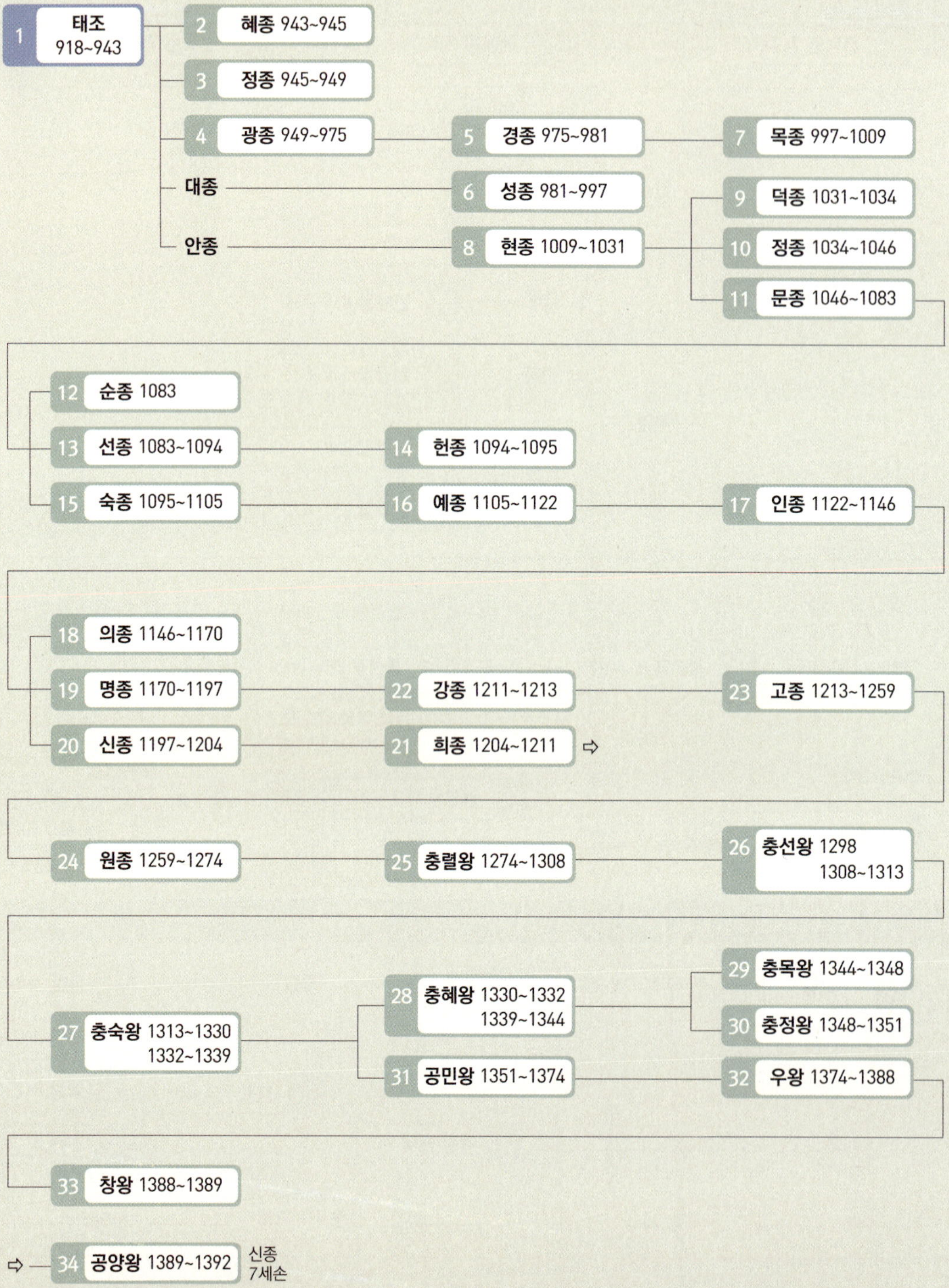

조선

519년, 1392~1910

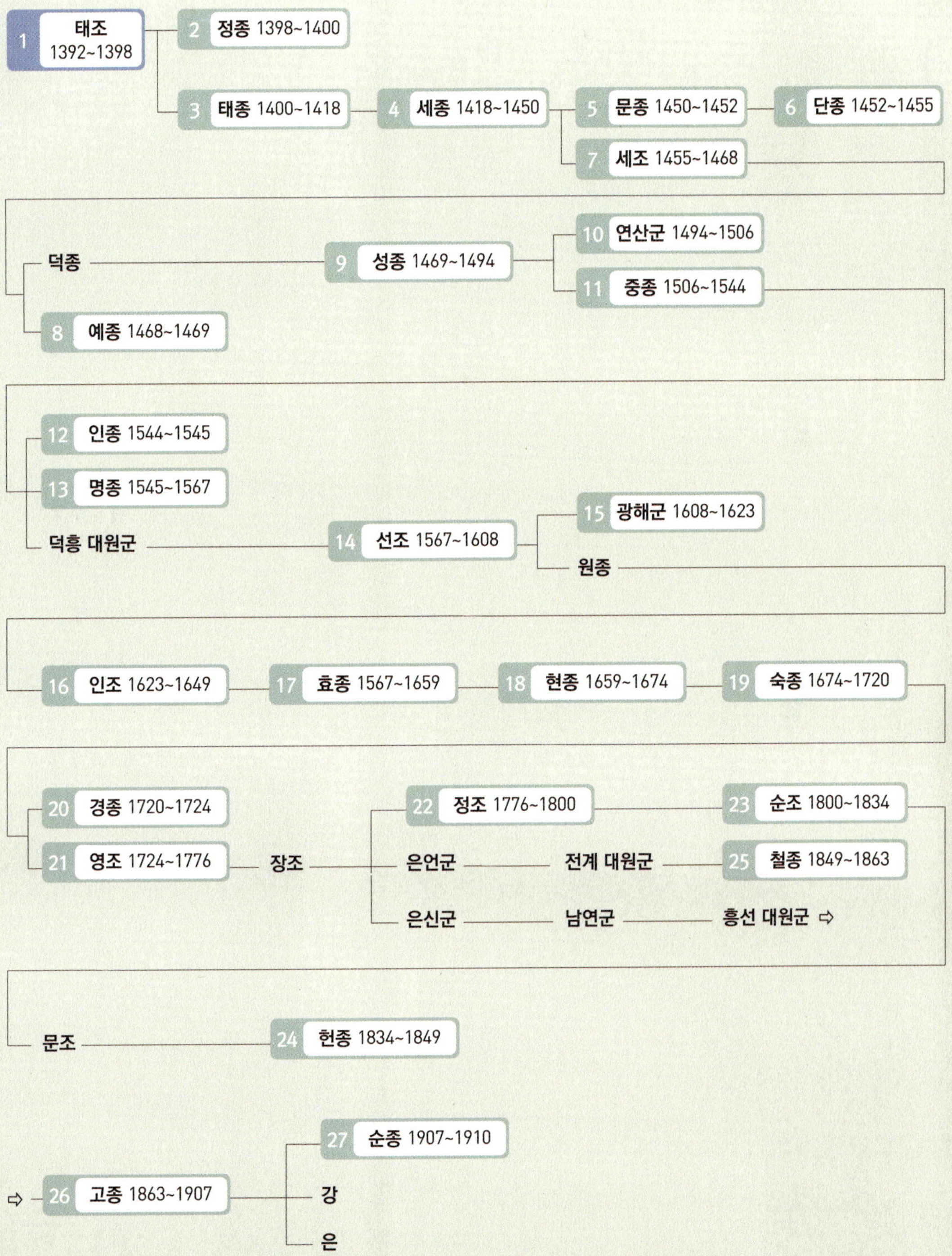

선생님과 함께
미리 배우는 초등 한국사 2

지은이 | 장득진(국사 편찬 위원회)·김경수(서울 계성초등학교)
장성익(서울천동초등학교)·이동규(서울 영본초등학교)
감수 | 김원수(서울교육대학교)
검토 | 이경찬(부천 수주고등학교)·이기명(성남 낙생고등학교)
참여학생 | 김혜지·이준표·임준형·주재우(천동초등학교)
김동영·박성원·배성빈·송윤서(영본초등학교)
곽도윤·윤정원(계성초등학교)

디자인 | 정진호
삽화 | 하상철

펴낸이 | 최병식
펴낸날 | 2013년 12월 12일
펴낸곳 | 주류성출판사
주소 | 서울특별시 서초구 강남대로 435(서초동 1305-5) 주류성빌딩 15층
전화 | 02-3481-1024(대표전화) 팩스 | 02-3482-0656
홈페이지 | www.juluesung.co.kr

값 12,500원

잘못된 책은 교환해 드립니다.

ISBN 978-89-6246-116-9 64910
(세트 978-89-6246-114-5 64910)